형벌의 역사

The History of punishment

형벌의 역사

The History of punishment

서문

고대 역사를 고찰함으로써 우리는 형벌이 실제적으로 원시 사회에 보이던 복수 풍습에서 기원한다는 사실을 발견할 수 있다. 형벌의 주요 목적은 바로 보복이다. 즉 성경에 나와 있듯이 '눈에는 눈, 이에는 이'로 앙갚음하는 것이다. 그리하여 고대 국가에서는 살인을 한 사람은 그 목숨으로 대가를 치르게 했고 타인의 팔을 자른 사람 역시 그 팔을 자르라고 명령했다. 다른 사람의 물건을 훔치면 손을 잘랐으며 나쁜 말을 한 사람은 그 혀를 자르는 형벌에 처했다. 이러한 시기에 형벌은 인류가 추구하는 가치인 공평과 정의에 대한 소박한 이상을 반영한 것이다.

계급 사회에 진입한 후 사회는 점점 지배 계급과 피지배 계급으로 분화되었다. 그리고 형벌은 단순히 복수의 수단이 아니라 더욱 많은 정치적 의미를 내포하게 되었다. 지배자에게 있어서 사람의 생명은 값비싸고 고귀한 것이 아니었다. 일단 필요하다고 생각되면 그들은 조금도 주저하지 않고 가혹한 형벌을 시행했다. 프랑

스의 저명한 학자 미셸 푸코Michel Foucault의 분석에 의하면 이러한 가혹한 형벌의 목적은 "정치를 효과적으로 운영하기 위한 일부분이자 정치 권위를 가시화하는 책략이다. 최초의 형벌은 그 자체로도 잔혹했을 뿐만 아니라 가시적인 방식으로 잔혹함을 드러내고자 한 것"이라고 볼 수 있다. 사형수가 형장으로 행진하는 하는 장면은 중국 희곡의 명작《두아원竇娥冤》 중국의 희곡작가 관한경(關漢卿)이 쓴 원나라 때의 희곡-역주)에서 문학적인 묘사로 잘 나타내고 있다. 우리는 그림이나 희곡, 소설 등을 통해서 단두대나 화형을 접할 수 있다. 이러한 형벌이 집행될 때는 주위에 구경꾼이 많을수록 성공한 형벌로 여긴다. 지배자들은 이러한 방법을 사용해서 민중에게 정치권력의 위력을 이해시켰다. 동시에 죄인이 범한 죄가 얼마나 끔찍한 것인지를 보여주기 위해 가능한 한 비슷한 수단으로 잔혹하게 처형했다.

형벌의 위협적인 효과를 극대화하기 위해 지배 계급은 온갖 궁리를 짜내 보통 사람은 생각조차 할 수 없는 각종 가혹한 형벌을 만들어냈다. 그들은 죄인의 허리를 끊고, 마차를 이용해 사지를 절단하고, 화형에 처하고, 단두대에서 목을 쳤다.

다행히도 사회와 법률 문화가 변천함에 따라 지배 계급의 정치 경험이 풍부해졌고 형사 정책 또한 조정이 이루어져 이처럼 가혹한 형벌은 점점 역사의 무대에서 사라지게 되었다. 그리고 형벌의 목적에도 변화가 일어났다. 전에는 복수를 추구하고 위협하는 것이 목적이었지만 지금은 죄인을 개조하고 교정하는 것으로 변화되었다. 이에 따라 형벌의 수단도 차츰 유연하고 문명적으로 바뀌어갔다.

《형벌의 역사》는 역사적인 형벌의 종류와 변천을 훑어나가면서 독자에게 지배 계급의 잔혹성과 인류의 어두운 사법 역사에 대해 보여준다. 우리는 이 책을 통해 반성과 경계를 배워서 다시는 이러한 비극이 발생하지 않게 해야 한다. 분명히 말해두지만 지나간 역사와 우리의 거리는 그다지 멀지 않다.

CONTENTS

CONTENTS

제1장

무서운 형벌

인간은 사회적 동물이기 때문에 우리는 서로 필요로 한다. 그러나 한편으로 우리는 공격성을 가진 개체다. 그러므로 아무리 규모가 작고 단순한 무리라고 할지라도 반드시 법률이 필요하다. 이러한 법률을 위반했을 때 바로 무정부 상태가 발생한다. 이때 무리는 죄인을 속죄시키거나 혹은 무리에서 제거하는 중대한 결정을 내리게 된다. 이러한 상황에서 갖가지 잔혹한 형벌이 세계 각지에서 생겨났다.

신령한 제물

살아 있는 희생물

　　　고대 노예제도 국가에서는 국왕과 귀족들의 권위가 하늘을 찌를 만큼 높았다. 범죄 행위를 징벌하는 그들의 방법은 간단하게 두 종류로 나눌 수 있었다. 바로 사형에 처하거나 노비로 삼는 것이었다.

　노예제도 시대에는 걸핏하면 죄인을 사형에 처했는데 여기에는 중요한 이유가 있었다. 고대에는 과학 기술 발전이 미약해서 많은 자연현상의 원인을 해석할 방법이 없었다. 이에 다양한 미신이 생겨났는데 사람들은 보편적으로 신령을 믿었다. 그리하여 서로 다른 국가와 민족에 속한 이들이 각자의 신을 숭배했는데 여기에는 한 가지 공통점이 있었다. 그것은 풍작과 병의 퇴치를 기원하기 위해 신에게 소나 양, 돼지를 비롯한 살아 있는 제물을 바쳤다는 사실이다. 만약 이러한 제물을 바쳐도 여전히 풍작이 되지 않거나 병이 낫지 않으면 사람들은 그들의 마음이 아직 경건하고 정성스럽지 못해서 신령들이 더 많은 제물을 요구한다고 여겼다. 그래서 살아 있는 사람을 제물로 바쳐야 한다고 생각했다. 이러한 상황에서 살인범이나 도둑 같은 사람들은 최후의 제물로 쓰이기 딱 알맞은 존재였다. 그리하여

〈켈트인Celts들의 모임〉

법을 어긴 자는 산 제물로서 희생당했다. 당대의 권력자들은 이러한 방법이야말로 풍작을 부르고 질병을 치유할 가장 희망적인 방법이라고 생각했다.

고대 그리스의 작가이자 지리학자 스트라스부르Strasbourg는 당시의 제사와 살생 방법에 대해 다음과 같이 기술했다. "(켈트인은) 종종 제물로 준비된 사람을 등 뒤에서 검으로 찌른 다음 그 사람이 죽기 전 마지막 저항을 하는 상태를 근거로 점을 쳤다. 죽어가는 사람의 극심한 고통에서 미래와 관련된 암시를 얻을 수 있다고 생각했으며 마지막에는 죽은 사람의 내장을 조사해 어떠한 징조를 나타내는지 밝혀냈다."

켈트인들은 화살로 사람을 죽인 후 제물로 쓰거나 신성한 장소를 선정해 그들을 못 박거나 태워 죽이는 등의 방법을 사용하기도 했다. 또한 그들은 수많은 죄인을 기괴하고 거대한 버드나무 가지 형구에 집어넣은 다음 형구와 함께 불태워 죽였다. 수십 명의 젊은이를 형구에 빽빽하게 집어넣고 그 밑에 있는 땔감에 불을 붙이는 광경은 켈트인에게서 종종 볼 수 있는 광경이었다.

미라

2003년 말, 한 무리의 노동자가 아일랜드 중부에 있는 소택지(하천, 연못, 늪으로 둘러싸인 낮고 습한 땅-역주)의 도랑을 파다가 '무서운 물건'을 발견했다. 이에 탐정 한 사람이 즉시 조사에 들어갔는데 그가 현장에 도착해서 이 '무서운 물건'을 덮고 있던 방수포를 들추자 생전 처음 보는 매우 놀랍고도 무서운 광경이 눈에 들어왔다. 그 무서운 물건은 비록 완전한 형태를 갖추고 있지는 않았지만 매우 괴이하게 보이는 사람의 유해였다. 시체에는 머리 부분과 하반신이 없었고 팔뚝은 활처럼 반원을 그리는 형태로 몸의 앞부분에 놓여 있었다. 피부는 마치 가죽 같았는데 체내에는 이미 뼈가 삭고 없었다. 그럼에도 지문만은 매우 뚜렷해서 마치 어제 발생한 살인 사건 같았다. 그러나 확인해본 결과

켈트인들의 처형 방식은 매우 특별했다. 그들은 죄인을 사형시킨 후 무거운 물건으로 눌러 놓았다.

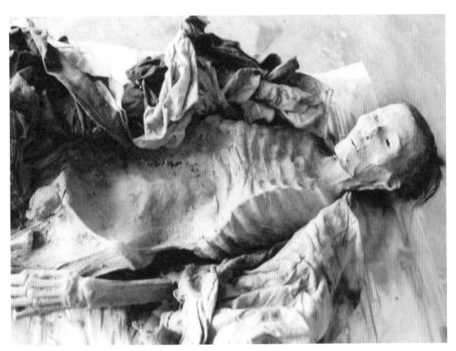

이 미라는 지금까지 발견된 미라와 마찬가지로 시체에서 심각한 외상을 볼 수 있다.

몸통만 남아 있는 이 시체는 최근에 살해된 것이 아니라 매장된 지 이미 수백 년 혹은 수천 년은 되었다는 사실이 드러냈다. 그렇다면 이 시체는 과연 정체가 무엇이었을까? 사람들은 우선 시체를 톨룬드Tollund인이라 명명했다. 이는 시체가 출토된 지방의 명칭이었다. 이어서 톨룬드인은 아일랜드 박물관의 보관부에 옮겨졌고 곧 과학적인 탐색이 이루어졌고 먼저 그의 신분과 생활 연대 및 사인을 확정 지었다.

첫 번째 단서는 발굴 현장에서 나왔는데 바로 특수한 화학 물질이 형성한 늪이었다. 이러한 상황에서 매장된 시체는 토양 중에 있는 세균에 의해 매우 빠르게 분해되기 마련이다. 그러나 늪에 있는 석회 성분이 화학 반응을 일으켜 시체의 피부를 탈수시키고 체내의 기관을 보존했다. 이러한 과정은 가죽을 햇볕에 말리는 과정과 비슷하다. 시간이 흐름에 따라 시체의 표면은 몇 겹의 이끼와 다른 식물로 덮였다. 시체를 덮은 물질들은 이내 석회질로 변해 천연의 관을 형성했다. 이렇게 해서 톨룬드인의 시체는 보존될 수 있었다. 비록 완전한 상태로 보존되지는 못하고 단지 몸통과 양 팔만 남아 있었지만 오래된 시체치고는 매우 이상적인 상태였다.

모살 사건

톨룬드인은 유연한 인체조직이 보존되어 시간이 경과한 후에 검증받은 예이다. 고고학자는 이러한 인간의 유해를 통틀어 미라라고 불렀다. 미라는 아일랜드만의 독특한 현상은 아니다. 브리타니아 군도 및 서북부 유럽에서도 적어도 2천여 구 이상의 미라가 발견되었다는 보고가 있다. 그중 가장 유명한 것은 아마도 덴마크의 늪지대 미라일 것이다. 늪지대 미라는 늪 속에서 거의 온전하게 보존되어 겉으로 보기에는 마치 달콤한 꿈나라에 빠진 것처럼 보였다. 그러나 이러한 겉모습과 달리 그의 사인은 교살이었다. 즉 목이 매달려 죽었던 것이다.

폭력적으로 죽임을 당한 것은 늪지대 미라뿐만이 아니었다. 덴마크의 또 다른 미라의 다리는 절단되었고 목구멍은 잘려 있었다. 망나니의 잔혹함은 참수형과 별반 다를 게 없었던 것이다. 마찬가지로 덴마크의 다른 미라 역시 오른팔은 잘려 있었고 다리에는 칼로 찌른 자국이 몇 군데 있었다. 또한 네덜란드의 미라는 복부가 절개되어 내장이 꺼내진 상태였다. 네덜란드의 또 다른 미라 에덴의 소녀 Girl of Eden는 교살당했거나 칼에 찔려 죽은 것으로 추정된다.

대략 2천 년 전으로 거슬러 올라가는 이러한 늪지대 미라는 모두 공포와 폭력이라는 뚜렷한 특징을 가지고 있다. 톨룬드인 역시 이러한 유형에 속하는지 알아

영국의 스톤헨지|Stonehenge는 당대의 많은 학자가 예전 켈트인이 제사를 지내기 위해 건설한 것이라고 본다.

내기 위해 아일랜드의 병리학자 마리 캐시디Marie Cassidy가 초청되었다. 그는 톨룬드인이 당한 공격의 강도를 측정할 수 있는 전문가였다. 캐시디는 미라를 살펴더니 매우 신속하게 톨룬드인의 성별이 남자이며 25세가 되기 전에 사망했다고 확정했다. 그리고 팔뚝의 길이로 추정해볼 때 신장이 2미터에 가까운 매우 키가 큰 사람이었을 것이라는 결론을 내렸다. 그의 신체가 오랫동안 무거운 압력을 받아 눌려 있었기 때문에 처음 보았을 때 몸집이 작은 사람으로 보였던 것이다.

이어서 캐시디는 톨룬드인이 모살 당했다는 증거를 찾아냈다. 그의 팔에는 상

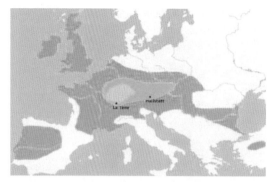

〈고대 켈트인의 분포도〉

켈트인은 기원전 2천 년 경 중부 유럽에서 공동의 문화와 언어를 특징으로 하는 혈연관계로 이루어진 민족의 통칭이다. 주로 당시의 갈리아^{Gallia}, 북부 이탈리아(갈리아 키살피나^{Gallia Cisalpina}), 스페인, 브리타니아, 아일랜드에 분포하고 있고 게르만인^{German}과 더불어 바바리안(barbarian, 야만인)이라 불렸다.

처가 한 군데 있었고 보조 뼈가 하나 끊어져 있었으며 흉부에도 두 군데의 상처가 있었다. 그는 생전에 잔혹한 고통을 당한 것이 분명했다. 누군가 이 톨룬드인을 칼로 공격했을 때 그는 팔을 들어 그 공격을 막았고 그 결과 팔을 찌른 칼이 흉강까지 뚫고 들어와 폐와 심장에 이르러 목숨을 잃었으리라. 만약 진상이 이러하다면 이는 분명히 모살 사건이다.

오락으로서의 살인

노예 제도 시기의 고대 로마는 줄곧 문화, 철학, 예술의 중심지로 여겨졌으나 제국 시대의 로마는 인간의 과도한 욕심과 가혹한 형벌의 범람으로 악명이 높았다.

티베리우스 Tiberius

서기 14년, 56세의 티베리우스는 로마제국의 황제가 되었다. 그는 종종 제국의 주요 인사들이 자신에게 충성하지 않는다고 의심해서 걸핏하면 그들을 사형에 처했다. 그가 가장 총애했던 대신 세야누스 Sejanus는 오히려 이런 황제를 도발해서 일련의 고발로 많은 이들을 파멸로

〈티베리우스가 전쟁에서의 승리를 축하하는 모습〉
티베리우스는 고대 로마 역사상 유명한 폭군이었다. 그의 의심과 질투, 잔학함과 살인을 좋아하는 성격은 결국 자신의 파멸을 가져왔다.

몰아갔다. 그는 처형할 때 먼저 아이들로 하여금 자신의 부모를 죽이게 한 뒤 그들도 죽였다고 한다.

칼리굴라 Caligula

티베리우스의 통치도 매우 잔혹했지만 뒤이은 왕조의 상황은 이보다 더 끔찍했다. 왕위를 이은 칼리굴라는 광적으로 박해를 좋아하는 사람이었다. 전해지는 바로는 어느 날 칼리굴라가 식사하다가 갑자기 크게 웃음을 터뜨렸다. 주위 사람들이 그에게 "무슨 재미있는 일이라도 있으십니까?"라고 묻자 그는 "갑자기 생각났는데 내가 명령만 하면 너희 목은 당장에 떨어질 거야."라고 대답했다고 한다.

칼리굴라가 사람을 죽이는 데에는 별다른 이유가 필요하지 않았다. 그는 몹시 잔혹한 형벌도 일종의 오락으로 여겼고 때로는 측근인 고문顧問이나 왕의 노리개 역할을 하는 신하를 처형하라고 명령하기도 했다. 그리고 그들이 두려워하며 끌려 나가는 모습을 즐겼다. 그는 말했다. "로마에 사는 사람들은 내가 목을 베기만을 기다리는 사람들이야."

칼리굴라는 형장을 시끌벅적한 극장으로 만드는 것을 좋아했다. 망나니들은 지시를 받고 각종 사형 방법을 감상할 수 있는 프로그램을 만들어 형을 집행했다. 집행 과정은 길게 끌수록 좋았다. 우선 사람의 팔과 다리를 남김없이 잘라 내거나 혹은 혀를 자른 다음 죽였다. 심지어 아리땁고 가냘픈 그의 애인들조차 형을 면할 수는 없었다. 그는 항상 중얼거렸다. "언제든지 내가 말만 하면 그 아름다운 머리가 잘려나갈 것이다."

네로^{Nero}

그러나 네로에 비하면 칼리굴라의 포학함은 그저 어린애 장난에 불과했다.

네로가 정권을 장악한 지 7년째 되는 해에 로마의 성 안에는 큰 불길이 일었다. 큰불은 무려 엿새 동안이나 활활 타올랐고 로마 성의 14개 지역 중 단 4개의 지역만이 이 불길에서 살아남았다. 많은 사람이 이 화재로 목숨을 잃었고 그보다 더 많은 사람이 삶의 터전을 잃었다. 이때 사람

칼리굴라는 로마 제국의 역사상 가장 방탕한 폭군이었다. 그는 평생 무절제한 생활을 했으며 흉악하고 잔인했다. 그는 장기간 그의 여동생과 불륜 관계를 유지했고 심리적, 정신적으로 극도로 비정상이었다. 그래서 그의 모든 행위는 황당무계하고 미친 짓이었으며 도리에 맞지 않았다.

네로의 흉포함에 대해 고대 로마의 사학자 타키투스^{Tacitus}는 다음과 같은 놀랄만한 기록을 한 적이 있다. "황제의 개인 경기장에서 기독교인들은 동물의 가죽을 덮어쓰고 산 채로 사냥개에게 뜯겨 죽임을 당했다. 다른 사람들은 십자가에 매달려 불을 붙인 후 밤중에 횃불로 삼았다. 짐승을 부리는 사람의 복장을 한 황제와 사람들은 한데 어우러져 이러한 광경을 감상했다."

들 사이에서는 의견이 분분했는데 그들 중에는 네로 황제가 새로운 로마를 건설하려 불을 질렀다고 주장하는 사람도 있었고, 큰불에 로마가 타는 장

면을 관람하려고 일부러 사람을 시켜 불을 지른 것이라고 말하는 이도 있었다. 심지어 어떤 사람들은 네로가 온통 불바다인 와중에 높은 탑에 서서 옷을 차려입고 태연자약하게 하프를 타며 자신이 지은 '트로이 함락의 노래'를 부르는 모습을 목격했다고 주장했다. 이 화재가 지나간 후 네로는 용의자들을 마구 잡아 죽여 화재의 속죄양으로 삼았다. 그는 기독교 신자들이 불을 질렀다고 고발하고 잔혹하게 기독교 신자들을 박해하기도 했다.

위대한 십자가

페니키아인^{Phoenicia}의 천재적인 발명

페니키아 제국은 고대 지중해 동부 연안의 북부 지역에 있던 작은 도시국가들을 총칭하며 그 역사는 기원전 30세기로 거슬러 올라간다. 대략 기원전 1천년 경, 페니키아 제국은 전성기를 맞이했다. 후에 이 나라는 아시리아인^{Assyrian}, 바빌론인^{Babylonian}, 페르시아인^{Persian}, 알렉산더^{Alexander} 대제를 잇달아 정복했고 기원전 64년에 시리아^{Syria} 지역을 병합했다.

십자가에 사람을 매달아 처형하는 방법은 페니키아인의 일

페니키아인은 지중해 연안의 가장 유명한 상인이었다. 그들은 주로 항해와 무역 활동에 종사했고 알파벳을 발명해 인류 문명에 큰 공헌을 했다.

대 발명이라 할 수 있었다. 이후 십자가형은 페니키아인들에 의해 그리스인, 아시리아인, 이집트인, 페르시아인, 로마인에게 전해졌다. 로마인들이 예수를 십자가에 못 박았을 시기에 이러한 사형 방식은 가장 모욕적인 방식으로 간주되었다.

십자가의 유형

이러한 잔혹한 형벌은 하나의 말뚝으로부터 시작되었다. 초기에는 죄인을 말뚝에 묶은 뒤에 굶겨 죽이는 실로 간단하면서도 잔인한 방법이었다. 후에 말뚝은 십자가, T형 십자가, X형 십자가로 진화하게 되었다. X형 십자가는 '성 앤드류St. Andrew 십자가'라고도 불리는데 이는 성 앤드류가 X형 십자가에서 죽음을 맞이했기 때문이다. 비록 지역에 따라 세부적인 처형 방법은 조금씩 다르지만 대체로 형태는 모두 같았다. 죄인은 우선 채찍질을 당한 후 십자가를 등에 지고 형장으로 간다. 때로는 십자가가 너무 무거워서 한 사람이 들고 옮기기 매우 어려웠다. 형이 집행되기 전에는 죄인의 옷을 벗기고 단지 허리에 감긴 천만 남겨 놓았다. 죄인의 손바닥과 발밑에는 쐐기 형태의 나무를 박아 몸체가 중력으로 말미암아 미끄러지는 것을 방지했다. 그런 다음 십자가를 미리 마련해 놓은 지면의 고정부분에 꽂았다.

때로는 죄인이 더 빨리 죽도록 사지를 절단하기도 했다. 죄인의 인내력이 강할수록 고통을 받는 시간은 더욱 길어졌다. 무정하도록 강렬하게 내리쬐는 햇볕은 죄인들의 발가벗은 피부를 타게 했고 파리는 그들의 몸에 들러붙어 땀을 빨아먹었다. 그리고 공기 중의 흙먼지는 죄인을 질식하게 하였다. 십자가형은 통상적으로 무리를 지어 집행되었기 때문에 한 지점에서 동시에 여러 개의 십자가가 서 있었다.

십자가의 기능

죄인은 사형을 당한 후에도 계속해서 십자가에 달려 대중에게 공개되었다. 그 후 관례에 따라 십자가와 함께 땅에 묻혔다. 십자가형은 후에 다시 개량을 거쳐 죄인의 머리를 밑으로 하고 십자가에 고정시키는 것으로 바뀌었다. 이렇게 하면 죄인이 빨리 의식을 잃게 되어 실질적인 고통을 경감시켰다.

로마 황제 콘스탄티누스Constantinus는 서기 4세기에 십자가형을 폐지했다. 그러나 프랑스에서는 십자가형이 계속 사용되었다. 1127년에 '정직한 샤를'이 살해되었을 때 그 살인자는 십자가에서 처형을 당했다. 프랑스에서 십자가형을 당한 죄인 중에는 유대인과 이교도가 다수를 차지했다.

로마에서는 노예와 가장 나쁜 범죄를 저지른 죄인만이 십자가에서 처형당했기 때문에 로마인 자신들은 이러한 모욕적인 고통을 받을 이유가 없다고 생각했다.

일본인의 개량

후에 십자가형은 일본에도 전래되었다. 일본인은 사형수의 고통을 더하기 위해 그를 십자가에 박을 때 망나니가 가볍고 정교한 창을 느긋하게 하나하나 죄인의 몸에 꽂게 했다.

일단 처형이 결정되면 이러한 고통은 결코 모면할 수 없었지만 망나니들에게 거액의 뇌물을 주면 신속하게 창을 심장으로 찔러 넣어 죄인을 고통 없이 빨리 죽게

할 수 있었다. 그러나 일반적으로 그들은 매우 교묘하게 주요 기관을 피해 창을 찔러 넣어 죄인이 금방 죽지 못하게 했다. 통상적으로 일본의 망나니는 이러한 기교로 명성이 높았다.

노예들의 저항으로 십자가는 한동안 공급이 부족한 상태에 이르기도 했다.

순교자

19세기 영국의 위대한 시인이자 평론가인 매슈 아널드^{Matthew Arnold}는 서기 161년에서 180년에 이르는 기간에 로마 제국을 통치했던 황제 마르쿠스 아우렐리우스^{Marcus Aurelius}가 신흥 기독교 단체를 어떻게 생각했는지를 서술한 적이 있다. "이렇게 압제적인 황제들은 기독교가 철학적으로 비열하고 정치적으로 위험하며 또한 도덕적으로 극도로 악랄하다고 생각했다. 그들은 기독교가 거대하고 은밀한 결사단체이며 위험한 정치·사회적인 목적을 숨기고 있다고 여겼다. 그래서 그들은 기독교 신도들이야말로 제국이 직면한 진정한 위협이라고 생각하고 왜곡된 시선으로 기독교 신자들을 대하며 탄압하기 시작했다. 군중은 기독교 신도들이 실제로는 무신론자이며 인육을 먹고 근친상간으로 법을 거스른다는 소문을 그대로 믿었다. 그리하여 군중은 기독교 신도들을 맹렬하게 반대하기 시작했고 그들의 통치자처럼 경고를 하기도 했다. 아우렐리우스의 통치 아래 로마 시민은 기독교를 제대로 인식하지 못하고 각종 편견을 가질 수밖에 없었다. 게다가 그러한 편견을 가지고 본다면 기독교가 다양한 잘못을 저지르고 있는 것처럼 보였다. 비록 진짜로 기독교인들이 이러한 잘못을 저지르지는 않았지만 그저 누명을 쓸 수밖에 없었다."

《아테나고라스^{Athenagoras}의 항변》의 작가는 초기 몇 세기 동안 기독교에 대한 3

마르쿠스 아우렐리우스는 로마 제국의 가장 위대한 황제였다. 그는 매우 지혜로운 군주였을 뿐 아니라 동시에 조예 깊은 사상가로 그리스어로 된 《명상록》을 남겼다.

가지 고발이 있었다고 지적했다. 그중 보편적인 고발은 인육을 먹는다는 것이었다. 사람들은 그저 어렴풋이 기독교인이 사람의 피를 마시며 인육을 먹는다는 소문을 들었을 뿐이었다. 기독교인들이 성찬식을 할 때 영원히 살아있는 주의 육체를 나눈다는 것이 다른 사람들에게는 마치 인육을 먹는다는 이야기처럼 들렸다. 다음은 근친상간에 대한 비난이었다. 떠도는 소문에 의하면 기독교인들은 모여서 예배를 드릴 때 서로 적절하지 않은 입맞춤을 한다고 했다. 가장 기이하면서도 동시에 가장 자주 사람들 입에 오르내린 이야기는 기독교인들이 무신론자라는 것이었다. 확실히 기독교인들은 제국의 신에게 경배를 표하지 않았고 혹은 황제에게 엎드려 절하기를 원치 않았다. 그러나 이는 당시에 로마 시민이 마땅히 행해야 할 책임의 일부분이었다.

기독교인들을 처형하기 위해 로마 제국의 황제들은 다음과 같은 각종 잔인한 형벌을 고안해냈다.

화형

잔학한 통치자는 종종 불의 위력을 사용했다. 그들은 죄인이 죽음을 맞기 전에 불에 타는 고통을 진절머리 나게 겪도록 했다. 화형을 시행하는 방법은 조금씩 달랐으나 그 목적은 형벌을 받는 사람이 편안한 죽음을 맞이하지 못하게 하는 것이었다. 어떤 때는 형을 집행하기 전에 죄인에게 향을 쥔 손을 숯불 속에 집어넣게 하거나 불붙은 석탄 위를 걸어가게 했다. 그런 다음에 죄인을 불구덩이로 던져 넣었다. 혹은 빨갛게 달아오른 숯불 위에 매달아 사지를 뻗게 해 못으로 고정시키고 최종적으로는 활활 타오르는 불에 태워 죽였다.

사람들의 기억 속에 네로는 '로마가 불타고 있을 때 하프를 연주한 황제'였다. 이 폭군은 하프를 연주하며 화염에 휩싸인 로마를 바라보았다. 큰불은 엿새간이나 지속되었고 넓은 지역을 파멸시켰다. 네로는 기독교인들이 방화했다고 여기고(비록 누군가는 네로가 진정한 방화범이라고 의심하기는 했지만) 황당무계한 논리를 내세워 보복했다. 이에 많은 기독교인이 굶주린 개들에게 던져졌다. 그 중에서도 가장 악랄한 행동은 기독교인들의 몸에 끓는 역청(천연산의 고체·반고체·액체·기체의 탄화수소 화합물의 총칭을 말하며, 넓게는 석유·천연가스·석탄이나 그것들의 가공물을 말함-역주)을 뿌리고 그 몸을 궁전을 밝힐 횃불로 사용했던 것이었다.

폭군 네로는 로마 시내의 화재를 기독교인들의 탓으로 돌리고 잔혹하게 박해했다.

기름독

　어떤 이들은 끓는 기름독이나 녹은 납이 담긴 큰 솥에 매장되었다. 어떤 이들은 산 채로 술독에 던져졌다. 그들의 몸에 둘러진 기름 먹인 밧줄은 일단 불이 붙으면 몸속까지 타들어갔다. 또한 사람을 끓일 큰 솥을 만들어 죄인을 솥에 집어넣고 바닥에 숯불을 지핀 다음 마치 고기를 익히는 것처럼 죄인을 천천히 익혀 죽였다.

기독교의 창시자 예수는 십자가에 못 박힌 최초의 기독교인이자 최초의 순교자였다.

쇠침대형

　죄인을 쇠로 만든 침대에 묶고 침대 밑에 불을 붙여 산 채로 태워 죽였다. 때로는 형을 집행하는 사람이 철갑옷을 이용해 희생자를 고정시킨 다음 말발굽처럼 빨갛게 달아오른 철 신발을 신겼다. 이렇게 하면 발부분의 살이 데어서 즉각 벗겨졌다.

　화형, 기름독, 십자가형 외에도 고대 서양 사람들은 다음과 같은 다양한 종류의 가혹한 형벌을 발명해냈다.

역형 力刑

어떠한 기독교인들은 목매달아 죽임을 당했다. 때로는 머리 부분을 밑으로 향하게 하고 한쪽 다리 혹은 양쪽 다리를 밧줄로 묶어 매달았다. 아니면 한쪽 팔이나 양쪽 팔을 매달고 복사뼈 위에 무거운 물체를 묶었다. 그중에서도 가장 불행한 사람들은 목이 매달린 채로 불에 태워졌다.

네로 이전의 기독교에 대한 박해는 주로 유대교 자체에 대한 것이었다. 그러나 복음이 로마 제국에 전파됨에 따라 네로 이후에는 더욱 많은 박해가 가해졌다.

일설에 의하면 성 폴리카르푸스 St. Polycarpus가 로마 황제의 법 집행관에 의해 사형 당할 때 사람들은 천상에서 어느 목소리를 들었다고 한다. "용감해져라! 폴리카르푸스, 꿋꿋해야 한다!" 그러자 땔감의 화염은 즉각 갈라졌고 그의 머리 위에는 아름다운 후광이 형성되었다고 한다.

석형 石刑

석형은 오래된 형벌 방식의 일종으로 방망이나 돌로 직접 사람을 때려죽이는 것이다. 때로는 매우 무거운 돌로 죄인을 누르기도 했고 특수 제작한 무거운 물건으로 죄인을 괴롭혀서 죽였다. 때로는 사지를 절단하는 형벌도 사용되었는데 망나니의 손에 사람의 몸이 반으로 잘리기도 했다. 끝이 뾰족한 말뚝, 화살, 도끼, 창은 모두 죄인의 목숨을 끊는데 사용되었다.

경기장 안에 있는 기독교인들에게는 동물의 가죽이 입혀졌다. 그들은 마치 야수처럼 보였고 사냥개 무리를 풀어서 그들을 산 채로 물어뜯게 만들었다.

침수

어떤 순교자들은 절벽이나 바다에서 죽음을 맞이했다. 그중 어떤 이들은 먼저 나무 바퀴의 가장자리에 묶인 후 굴려지거나 납 상자에 넣어져 물속으로 던져졌고 어떤 이들은 석회 동굴에 던져졌다. 중세 시대까지 줄곧 사용된 방법이 한 가지 있었는데 그것은 사형수를 독사, 들개 혹은 원숭이와 함께 자루에 넣은 후 그 자루를 물속에 던지는 방법이었다. 서양의 역사서에는 기독교인이 맹수(들개, 사자, 수소를 비롯한)의 먹이로 던져진 사례가 드물지 않게 기재되어 있다. 때로는 사형 집행 전에 동물의 가죽으로 그들을 싸매서 맹수들의 야성을 자극하기도 했다.

역사상 가장 위대한 선교사 사도 바울은 네로가 기독교인을 박해하던 초기에 죽임을 당했다.

떨어져 죽다

죄인의 두 손을 뒤로 결박하고 팔을 공중에 매단 다음 못이 박힌 평상 위에 떨어뜨려 죽이는 방법이다. 때로는 죄인을 줄에 묶은 후 그 몸에 꿀을 발라서 꿀벌을 유인해 벌에 쏘여 죽게 만들었다. 이러한 방법은 다른 형벌에 비해 학대적인 성격이 강했다.

능지처참

　　　만약 부근에 두 그루의 장성한 나무가 있다면 망나니는 두 나무를 서로 반대 방향으로 당겨 수평으로 한 다음 죄인을 두 나무 사이에 묶는다. 그런 다음 굽어진 나무를 풀면 나무는 용수철처럼 맹렬한 기세로 각자 원래 위치로 돌아가게 되고 사람은 찢겨나간다.

　이렇게 잔학무도한 사형 집행 방식은 16세기 로마 교황청의 문헌 중에서도 찾아볼 수 있다.

비참한 세계

노예 제도는 세계 각지의 다양한 민족에게 보편적으로 존재하는 제도였으며 현재에도 완전하게 과거의 자취로만 남겨져 있는 것은 아니다. 서양 사람들에게서는 극단적인 노예 제도가 두 차례 생겨났다고 할 수 있다. 한번은 고대 그리스인과 로마인이 고대의 주요 경제 부문이었던 농업과 수공업 및 상업을 보조하는 분야에 대규모 노역을 시행한 것이었다. 이로 인해 노예무역이 번성했고 세계 역사상 매우 독특한 3차례의 노예 대봉기가 발생했다. 다른 한번은 봉건시대 말기와 근대에 발생했다. 서양 식민국가들(주로 포르투갈, 스페인, 네덜란드, 영국, 프랑스, 미국)은 신대륙에서 전무후무하게 노역을 추진했고 이에 부려 먹은 흑인, 백인, 인디언 노예의 수는 최소 6천만 명 이상에 달했다. 이는 서방 자본주의 발전의 역사에 있어 가장 추악하고 어두운 부분이라고 말할 수 있다.

말하는 도구

당시 로마에서 노예는 '말하는 도구'라고 불렸다. 그들은 주인의 재산이자 상품이었고 어떠한 권리도 없었으며 심지어 그들의 자녀도 주인에게 종속되었다. 노예는 법률의 보호를 받지 못했고 노예의 주인은 자신의 노예를 마음대로 죽일 수 있었다. 문지기를 서던 노예 한 사람은 자신에 대해 다음과 같이 묘사했다. "나는 개처럼 쇠사슬에 묶여 있고 당나귀처럼 종종 채찍질을 당한다. 온몸에 상처가 마를 날이 없고 그 상처는 마치 표범의 무늬 같다." 노예는 허락을 받지 않으면 주인의 면전에서 말을 해서도 안 되었고 심지어 입술조차도 움직일 수 없었다. 그렇지 않으면 몰래 주인을 욕하는 것으로 생각했다. 만약 잘못해서 기침이나 딸꾹질을 하면 호된 채찍질을 당했다.

로마에는 전문적으로 주인의 일상생활 시중을 드는 노예가 있었다. 그들의 업무는 비교적 수월한 편이었지만 대신 행동에 매우 엄격한 통제를 받았다.

농경지, 광산, 방앗간에서 일하는 노예들의 상황은 더욱 비참했다. 그들은 노동할 때 족쇄나 쇠사슬을 차야 했고 밤에는 지하 감옥 같은 방에서 잠을 잤다. 광산을 캐는 노예에게 있어 광갱은 종종 그들의 무덤이 되었다. 그들은 쇠사슬을 차고 일을 했기 때문에 산사태나 광갱이 붕괴할 때에도 미처 피하지 못했다. 그 때문에 많은 사람이 안에서 깔려 죽었다.

이와는 반대로 노예의 주인은 상상하기 어려울 만큼 호화스러운 생활을 지냈다. 그들의 평소 생활이 사

스파르타쿠스Spartacus는 발칸 반도 동북부의 트라키아Thracia인이었다. 로마가 북부 그리스를 침략했을 때 그는 포로로 잡혀 노예 검투사로 팔려가 이탈리아 카푸아의 검투사 양성소에서 훈련을 받았다. 그는 동료를 격려해 무장하고 베수비오Vesuvio 화산으로 도망가 반란을 일으켰다. 비록 반란은 실패로 끝났지만 로마의 통치에 심각한 타격을 주었다.

〈고대 로마의 노예시장〉
이 시장에서 노예들은 마치 생명이 없는 물품처럼 전시되고 경매에 붙여졌다.

치와 향락에 빠져 있었음은 두말할 필요도 없다. 특이한 경우를 예로 든다면 어떤 집정관은 공작의 뇌를 먹는 것을 좋아했고 어떤 사람은 사자가 끄는 병거에 타는 것을 좋아했다. 사자는 보석으로 장식한 '사자 전용 의상'을 걸쳤다. 노예의 여주인들은 피부를 곱게 유지하기 위해 종종 당나귀의 젖으로 목욕을 했고 씻은 후에는 동양의 귀한 향유를 온몸에 발랐다.

　노예가 생기고 나서부터 로마의 노예 주인들은 그들을 원수처럼 대했다. 곳곳에서 그들에 대한 엄격한 통제가 실행되었다. 노예 주인들은 노예가 반역을 꾀하는 것을 막기 위해 여러 명의 동족 노예가 함께 일하거나 같이 사는 것을 금지했다. 이렇게 언어가 통하지 않는 점을 이용해 노예들이 결탁하거나 음모를 꾸밀 수 없게 만들었다. 그들은 또한 노예들 사이에 첩자를 보내 정보를 염탐하게 했고 노예가 반역을 도모하려는 행동을 발견하는 즉시 탄압했다. '노예의 수만큼 원수가 있다.'는 로마의 속담은 이러한 상황을 잘 나타내주는 말이다.

'아프리카 항해'로 흑인 노예무역이 서양에서 번성하기 시작했다. 그중 가장 큰 시장은 아메리카 식민지로 그곳은 사탕수수 재배와 귀금속 채취 등에 노동력 부족으로 골치를 앓고 있었다. 이는 이전의 근대 노예제도와 다르게 생성되기 시작했고 비열한 인종주의가 수반되어 자본주의의 서광에 그림자를 드리웠다.

인류의 사상과 사회 제도는 15, 16세기에 급격한 변화와 비약적인 발전을 맞이했다. 그러나 이러한 발전 속에서 노예 제도 또한 새로운 발전의 계기를 맞이했다. 1445년, 포르투갈의 항해사 디아즈Diaz는 카보베르데Cape Verde 지역을 발견했다. 이는 역사상 대단한 발견이었지만 그들은 동시에 대단한 일을 저지르고 말았다. 그의 일행은 멀지 않은 세네갈 하구에서 평화롭게 살고 있던 235명의 토착민을 생포해 포르투갈로 데려와 경매에 내놓았다. 그리하여 유럽의 탐험가들은 흑인 노예를 매매하는 것이 매우 간단하고도 큰 이익이 있다는 사실을 발견하게 되었다.

15세기 중엽에서 17세기 중엽에 이르기까지 노예무역의 범위는 주로 대서양의 동서 연안이었다. 역사책에서는 이를 일컬어 대서양 노예무역이라 부른다. 그 후 18세기, 심지어 19세기 전기에 이르기까지 동부 아프리카 등지도 노예무역의 소용돌이에 말려들었다. 15, 16세기의 노예무역은 포르투갈과 스페인이 독점하고 있었

〈노예선의 흑인 노예들〉 이 그림은 1840년에 제작된 판화로 흑인 노예들이 처한 비참한 처지를 심각하게 표현하고 있다.

으나 머지않아 독점권은 네덜란드의 손에 넘어가게 되었다. 영국과 프랑스는 이에 불만을 품고 투쟁을 일으켰다. 특히 영국은 네덜란드와 해양의 패권을 다투기 위해 계속해서 전쟁을 일으켰고 결국에는 제해권制海權을 얻음과 동시에 노예무역을 독점하게 되었다. 심지어 영국은 1698년에 〈노예무역법〉을 공포했고 1713년에는 스페인의 왕위 계승 전쟁으로부터 매년 서부 아메리카 식민지에서 4만 8천 명의 노예를 데려올 수 있는 특권을 얻게 되었다.

노예제 폐지 운동

미국 남부의 농장 소유주에게 흑인 노예는 존엄성 같은 것은 존재하지 않았고 그저 물건에 불과했다.

기원전 326년, 로마는 채무에 의한 노예제를 폐지했으나 이는 진정한 의미의 노예제 폐지라고는 할 수 없었고 그저 선포에 불과했다. 당시에 로마 시민이 채무로 말미암아 노비로 전락하는 일은 없었지만 로마의 시민권을 가지지 못한 사람들에게는 사정이 달랐다. 로마인은 빚을 가지고 있는 비(非)로마 시민을 여전히 그들의 노예로 삼았다.

중세 말기에 이르러 유럽의 노예 수는 이미 많이 줄어든 상태였다. 사람들은 노예제도가 잔혹하며 부도덕하다는 사실을 인식하기 시작했다. 예를 들

해리엇 스토Harriet Stowe가 지은 《엉클 톰스 캐빈 Uncle Tom's Cabin》은 미국의 노예제 폐지 운동을 대대적으로 촉진시켰고 링컨 대통령은 이 책을 일컬어 '남북 전쟁을 일으킨 소설'이라고 평가했다.

어 잉글랜드에서는 일찍이 12세기에 노예 매매 금지에 대한 법령이 있었고 17세기에 이르러서는 더 이상 노예를 소유할 수 없었다. 그렇지만 후에 다시 흑인 노예를 들여오기 시작했다.

19세기 초, 노예무역은 사람들에게 멸시를 받아 더는 공개적으로 진행되지 않았고 많은 서양 국가에서는 노예무역 금지법을 통과시켰다. 1820년대 이후 노예무역은 국제적인 불법 행위로 간주되었다. 1830년대에 영국, 프랑스, 스페인, 포르투갈 등은 노예무역의 암거래를 척결하기 위해 해상 선박의 〈상호 조사 조약〉을 체결했다. 그러나 미국은 이 조약에 가입하는 것을 거

미국의 링컨 대통령은 노예제 폐지 운동에 있어 매우 중요한 인물이었다. 그는 〈노예제 폐지 법안〉에 서명함으로써 흑인 노예 해방의 법률적인 기초를 마련했다.

절했고 또한 체약국의 조사를 거절했다. 이로 말미암아 악덕 노예 상인들은 미국의 국기를 내걸고 해상 노예 암거래 활동에 종사했다.

나날이 격화되는 미국 남북 간의 모순은 결국 내전을 야기했고 미국은 1861년에서 1865년까지 전쟁의 소용돌이에 휘말리게 되었다. 전쟁 상황이 가장 어려웠던 시기에 링컨Abraham Lincoln 대통령은 〈흑인 노예 해방 선언〉을 공포해 여전히 연방에 모반을 일으키고 있던 각 주나 지역에서 '노예로 묶여 있던 사람들이 즉시 자유를 얻도록 하고 앞으로도 영원한 자유를 보장하라'라고 선포했다. 자유를 얻은 사람들은 연방 측의 무장 군인으로 편입해 노예 제도와 전쟁을 벌였다. 이와 같은 행동은 약 18만 명에 달하는 흑인 노예를 연방 군대에 참가하게 했다. 〈흑인 노예 해방 선언〉은 임시적인 군사 조치였을 뿐 헌법의 형태로 확정되지는 않았으나 1865년과 1868년에 국회가 각각 헌법 제13조, 제14조 수정안으로 통과시켰고 이로써 미국에서는 드디어 정식으로 노예 제도가 폐지되었다.

이와 마찬가지로 세계의 다른 한 편 러시아에서도 1861년에 봉건 농노제가 폐지되었다. 농노제도 아래 농노는 주로 봉건 지주에 종속되어 있었으며 한 주에 며칠 동안은 반드시 주인에게 복종해 노역을 해야 했다. 그러나 19세기에 들어서 러시아의 농촌 상황에는 큰 변화가 생겨났고 농노제는 심각한 위기에 봉착했다. 1858년부터 1860년까지 농민 폭동만 384차례나 발생했다. 통치 계급은 예전처럼 통치해 나갈 수 없게 되었고 특히 자산계급이 된 귀족 지주는 당장 농노제가 바뀌기를 원했다. 차르(Tsar. 제정 러시아 시대 황제의 칭호-역주) 알렉산더 2세Alexander II는 1861년 3월 3일 〈농노 해방령農奴解放令〉에 서명하고 개혁을 진행할 것을 선포했다. 뒤이어 〈농노 종속 관계를 이탈한 농민에 대한 일반 법령〉을 공포해 그들이 농촌의 다른 자유로운 주민처럼 신체와 재산에 있어 동등한 권리를 누리도록 제정했다.

러시아의 농노제 개혁은 봉건 농노제도를 자본주의로 대체시켰다. 비록 개혁이 완벽하지는 않고 여전히 봉건 농노제가 남아 있었지만 러시아는 이로써 자본주의 시대에 성큼 다가서게 되었다.

19세기 말에 스페인은 아메리카 대륙에 푸에르토리코와 쿠바만을 식민지로 가지고 있었다. 1873년에 스페인은 제1공화국을 건립했고 같은 해에 푸에르토리코의 노예제도를 폐지했다. 뒤이어 1880년에 스페인은 쿠바의 노예제도를 폐지했다. 그때 아메리카 대륙에서는 오로지 브라질만이 공개적으로 노예를 가지고 있었고 이에 전 세계적인 분노의 시선이 모두 브라질의 통치 집단에 집중되었다. 1888년 5월 3일에 브라질 국회에서 내각이 제출한 점진적인 노예제도 폐지 방안에 대한 심의가 열렸을 때 노예제도 폐지를 주장하는 많은 사람이 국회 건물을 에워싸고 즉각적으로 노예 제도를 철저히 폐지할 것을 요구했다. 5월 8일, 국회에서는 조건 없는 노예제 폐지 법령이 통과되었고 13일에는 섭정하고 있던 이사벨라Isabela 공주가 이 법령에 서명했다. 이로써 브라질의 노예 제도는 완전히 종결되었다.

제2장

이단에 대한 징벌

무척 아이러니한 사실은 천주교의 입장에서는 이교였던 기독교가 정통성을 인정받은 이후 다른 이단 신앙이나 독재자에 대한 박해를 조장했다는 것이다. 기독교가 국교로서 권력을 장악한 이래 그들은 이교도로 박해 당했던 때의 상처를 잊어버리고 다른 이교도에 대한 길고 긴 박해를 시작했다.

가혹한 형벌을 책임지는 관리들은 매우 충실하게 자신의 직업에 전념했다. 그들이 학대를 시행하는 유일한 목적은 고발당한 죄인들이 죄를 자백하게 하는 것이었고 일단 죄를 인정하면 통상적으로 사형이 선고되었다. 이렇듯 중세 유럽은 각종 고문과 야만적인 사형이 범람하는 몹시 공포스러운 시대였다.

로마 교황청의 분노

만약 1096년 교황 우르바노 2세$^{Urbanus\ II}$가 제1차 십자군 원정을 개시한 것이 대외적인 이교도 토벌이었다면 1215년에 교황 인노첸시오 3세$^{Innocentius\ III}$가 주최한 세계 기독교 공의회는 이정표로서의 의의와 이교도에 대한 대내적인 탄압을 의미한다고 할 수 있다.

동양의 무슬림에 대항하기 위해 교황 우르바노 2세는 성전聖戰을 개시할 것을 신도들에게 호소했다.

당시 유럽에서는 전쟁이 난무했고 경제 개혁으로 말미암아 사회가 동요하고 있었다. 게다가 전쟁과 상업으로 동서양의 교류가 나날이 활발해지면서 여기저기서 정통 기독교 사상과는 다른 이념이 일어났고 이로 말미암아 각종 이단이 홍성하게 되었다. 가장 정통성 있는 지위에 앉아 권력의 최고봉을 차지하고 있던 로마 교황청은 이러한 사태를 절대 두고 보지 않았다. 이들은 전쟁광이자 흡혈귀였고 이들이 파견한 주교는 교권과 부를 독점하고 사치와 타락에 젖어 권력의 지팡이를 휘둘러댔다. 인류의 정신세계를 지배하려 했던

〈16세기 로마 교황청에서 판매하던 속죄권〉

중세의 교회는 이미 단순한 신앙 집단이 아닌 이익 집단으로 변질되어 있었다. 한편 경제적으로도 가혹한 세금 착취가 나날이 가중되어 각지의 교회와 일반 신도들에게 세금이란 명목의 수탈을 자행했다. 다른 한편으로는 성직을 매매하고 속죄권을 판매했으며 재물을 긁어모으고 헤프게 쓰는 등 부패가 심했다.

로마 시내의 주교 라테란Lateran 궁의 생활은 그 규모가 황제나 왕공 대신들과 다를 것 없었다. 당시 세간에는 "국왕의 군대보다 교황의 세관원이 더 무섭다."는 이야기가 돌았는데 이는 신분이 낮은 계층이 교황청에 대해 강렬한 불만을 품고 있었음을 보여준다. 그리하여 신의 대리인은 정신적인 억압과 재물 수탈을 자행하는 이중적인 독재자로 변질되었다. 사실 이단 사상은 신분이 낮은 계층이 집권층과 교권에 대항하는데 유리한 도구였다. 때문에 교황청을 가장 공포에 떨게 한 반대

세력은 다른 이교도들이 아니라 기독교 내부의 이단이었다. 교황청은 각종 이단을 절대 용납하지 않았으며 단지 어리석고 방어적인 탄압을 가할 뿐이었다.

인노첸시오 3세는 1198년에 교황으로 선출되었다. 그는 그레고리 7세Gregory Ⅶ의 교권에 대한 관점을 그대로 계승해 교황은 신이 세상에 보낸 대표자라고 생각했다. 황제와 국왕은 교황에 속하고 교황은 세속적인 권력을 부여받았다. 그는 유럽에 가톨릭 봉건 세력이 지배하는 제국을 건립하기 위해 힘썼다.

첫 번째 이단

기독교의 현재 상황에 대한 불만이 처음 공개적으로 표출한 것은 11세기 프랑스의 알비Albi에서였다. 그곳의 사람들은 마니교Manichaeism의 영향을 받았고 결국에는 현지에 새로운 교파인 알비 교파를 형성했다.

그들은 선신善神과 악신惡神이라는 두 종류의 신이 존재하며 모든 것은 두 신이 충돌한 결과라고 생각했다. 선신은 영혼을 만들며 악신은 육체를 만들고 육체는 영혼을 속박한다. 그들은 극단적으로 엄격한 도덕적 교의를 견지했고 결혼, 출산, 식음, 전쟁 및 숭배에 필요한 일체의 물품에서 동물로 된 것을 사용하기를 거부했다. 또한 그들은 그리스도는 신이 아니며 단지 우월한 존재이자 육체를 가진 천사의 영혼이라고 생각했고 때문에 그의 육체는 실체가 아니므로 죽지 않으며 승천하지도 않는다고 생각했다. 그리스도의 구제는 단지 그의 교도에 포함된 것이며 성령은 신이 아니라 모든 영혼(천사나 사람의 영혼을 포함해)의 우두머리라고 생각했다. 그들은 천주교의 의식과 조직에 반대했고 교회의 권력을 인정하지 않았다. 따라서 교회가 재물을 수탈하는 행동을 비난했으며 종교를 악마라 하여 물리치고 천주교 교회와 수도원을 타도해야 한다고 주장했다. 또한 그들은 성찬식을 거부했고 일체의 물질은 악이라고 생각했다. 신도는 두 등급으로 분류되었는데 '완벽한 사람'은 성령의 세례를 받고 엄격하게 도덕적인 생활을 준수하는 사람이며 일반 사람은 '신도'라고 생각했다.

교황 인노첸시오 3세는 알비 교파를 핍박하라는 명령을 내렸다. 그는 "만약 필요하다면 무력으로 그들을 탄압해도 좋다."라고 말했다.

알비 성전聖戰

1209년, 북유럽에서 온 3만 명의 기사와 보병은 회오리바람처럼 피레네Pyrenees 산맥 동북부에 위치한 랑그도크(Languedoc, 현재 프랑스 남부에 위치)를 소탕했다. 이어서 전쟁이 일어났고 랑그도크 전 지역은 참혹하게 짓밟혀 농작물이 전부 망가졌다. 크고 작은 도시들 역시 폐허가 되었고 랑그도크의 주민들은 살해당했다. 이러한 전대미문의 참극이 벌어진 범위가 넓고 규모 또한 커서 유럽 근대 역사상 최초의 인종 멸절이라고 불리기도 한다. 베지에Béziers 성에서만 최소 1만 5천 명의 남자와 부녀자 및 아동들이 집단 학살을 당했고 그중 상당수가 심지어 교회의 피난소에서 죽임을 당했다.

어느 군관이 교황의 사자에게 어떻게 이교도와 진짜 신도를 구분하는지 물어봤을 때 그는 다음과 같은 대답을 얻었다. "그들을 전부 죽여라. 신은 자신의 백성

알비 성전은 최초로 천주교 내부에서 그리스도 교의에 대한 다른 이해에 따라 전개된 무력 정벌이다. 이는 폭력을 통해 모든 이단 문제를 해결하려고 전쟁을 벌인 악렬한 선례가 되고 있다.

을 구분하실 것이다." 이 말은 대단히 광범위하게 퍼져나갔는데 사실 조작되었을 가능성이 있다. 그러나 어찌 되었든 이 말 자체가 종교의 맹목적인 열광과 살인을 장려하는 폭력성을 보여주고 있다. 전하는 바로는 화근을 철저히 없애버리라고 명령했던 이 교황의 사자는 교황 인노첸시오 3세에게 보내는 서신에서 자랑스럽게 공언했다고 한다. "연령이나 성별, 지위에 상관없이 어떤 이건 절대 용서해서는 안 됩니다."

침략자들은 베지에에 이어 랑그도크의 다른 지역도 소탕했다. 그리하여 나르본 Narbonne, 카르카손Carcassonne, 툴루즈Toulouse가 함락되었다. 그들이 휩쓸고 간 도시는 온통 피로 물들었고 시체가 온 들판에 널려 있었다.

40년 가깝게 계속된 이 전쟁을 현대 사람들은 '알비 성전'이라 부른다. 이는 진정한 의미의 성전이었다. 이 전쟁은 교황 본인이 일으켰고 참전한 사람은 팔레스타인의 십자군과 마찬가지로 외투에 십자가를 달았다. 또한 승리에 대한 보상은 예루살렘 성지의 십자군과 마찬가지였다. 성전에 참전한 전사들이 범한 일체의 죄는 모두 너그럽게 용서받았고 모든 고행은 보상받았다. 그들은 천국에서 한 자리를 차지할 수 있었으며 자신이 약탈한 일체의 물품을 소유할 수 있었다. 게다가 이 성전에서 군대

〈페트뤼스 발데스의 조각상〉

는 여느 전쟁처럼 바다를 표류할 필요도 없었다. 또한 봉건 시대의 법규에는 어느 누구도 40일 이상을 참전해서는 안 된다는 규정이 있었다. 물론 이러한 사람들은 약탈 행위에 중독되지 않아야 했다.

발도파Waldenses의 운명

12세기 후기, 프랑스의 거상 페트뤼스 발데스Petrus Valdes는 발도파를

창시했다. 발도파는 초기 기독교의 습관과 풍속을 회복하는 것을 주장했고 많은 교회 예절과 정통 교리를 부정했다. 이들은 또한 환상, 예언, 내재적인 체험, 천년 지복설Chiliasm을 믿었으며 사회 변혁에 관심을 두고 교회는 신도의 영혼을 구제하는 데 특별한 역할을 하지 않는다고 여겼다. 은덕을 베풀거나 재계하는 것, 미사, 기도는 이미 죽은 신도에게는 아무런 이득이 되지 않는다고 생각했으며 지옥을 부정했다. 그들은 빈곤은 영혼이 구제받기 위해 반드시 필요한 조건이라고 주장했다. 그리고 교회가 재물을 모으고 성직자가 사치와 향락을 누리는 것에 반대했다.

그들의 주장은 많은 리옹Lyon 도시 평민의 지지와 호응을 얻었고 스위스 서남부와 사부아Savoie의 산 지역 농민들 사이에 크게 유행하였다. 후에는 스페인, 보헤미아Bohemia, 롬바르디아Lombardia 등지에서도 발전했다. 그리하여 13세기 초, 알비 교파와 마찬가지로 로마 교황청의 잔혹한 탄압과 박해를 받았다.

뒤이어 300년 동안 발도파는 천주교 교회의 심한 박해를 받았다. 그러나 1848년 〈해방 법령〉 후, 발도파는 새로운 시기에 들어서게 된다. 그들은 복음주의 교파의 관점을 받아들이고 자유 교회 형식을 채용해 점차 이탈리아 종교와 문화에 융화되어 이탈리아의 새로운 교파 형성에 지대한 영향을 주었다.

이단 재판소

이단 알비파를 토벌하는 전쟁을 벌이면서 로마 교황청은 이단이 마치 원혼처럼

언제 어디서나 천주교 교회와 얽혀있지만 막상 천주교 교회는 상비 십자군을 유

〈종교재판소〉

프란시스코 고야Francisco Jose de Goya 작품

지할 수 없다는 사실을 깨닫게 되었다. 교황청은 이렇듯 수시로 튀어나오는 이단을 감시하고 강력하게 밀어붙일 제도가 필요하다고 생각했다. 그리하여 교황은 전문적으로 임명한 법관이 이단의 기구를 추궁, 심문, 판결할 수 있는 종교 재판소를 정식으로 건립했다.

라테란^{Lateran} 공의회

1215년, 툴루즈에서의 전쟁이 잠시 휴전되었을 때 교황은 제4차 라테란 공의회를 개최했다. 그 회의는 인노첸시오 3세가 그 권력을 뽐내는 무대가 되었다. 공을 세우기 좋아하는 그는 다른 사람에게 과시할 수 있는 좋은 기회를 절대 놓치지 않았다. 그리하여 71명의 대주교와 412명의 주교, 800여 명의 수도원 원장 혹은 부원장 및 유럽 각국의 국왕 대표가 교황의 소집에 동원되어 유례없는 대규모의 성대한 모임에 참가하게 되었다.

3주째 회의에서 교황과 그의 부하들은 유태인의 상징에서부터 교회의 신조에 이르기까지 다양한 문제에 대해 토론했고 〈교황 칙령〉의 결의로 이단에 대한 선별 및 징벌과 교회와 세속 정권이 반反이단 사업에 있어 다른 책임을 지닌다는 사실을 명확히 했다. "우리는 정통 천주교의 신성함을 반대하는 사람을 교적敎籍에서 제명하며 엄벌에 처하고……무릇 이단으로 판결된 자는 세속의 정권이나 그 대표에 교부되어 징벌을 받는다. 선교사는 사전에 해직된다. 판결을 받은 사람의 사유 재산은 몰수된다. 선교사의 재산은 그들의 급료가 나오는 교회로 귀속된다."

"일반적으로 이단자가 만약 자신의 무고함을 증명하거나 그들이 고소당한 내용을 번복할 방법이 없다면 처벌을 받는다. 그리고 처벌을 받은 지 만 일 년 안에 그

〈로마 라테란 교회〉
서기 1215년에 교황 인노첸시오 3세는 이곳에서 1차 공의회를 열었다. 이 의회를 개최할 때 그는 말했다. "내 마음 속에 줄곧 부담이 되었던 두 가지 일이 있다. 그것은 성지의 재정복과 전 세계 교회의 혁신이다." 이번 공의회는 인노첸시오 3세가 다른 모든 교황보다 뛰어나며 최고 권력을 가지고 있음을 나타내주었다.

들의 행위를 증명하지 못하면 이단자로 여기고 심판한다. 무릇 이단자의 신앙에 동조하고 그들에게 피난소를 제공하거나 그들을 돕고 보호하는 자는 그 교적에서 제명되고 이 사실이 선포된다. 만약 일 년 안에 극단적으로 유해한 관점을 포기하지 못하면 어떠한 공직을 담당할 권리 혹은 임용될 권리를 잃는다. 그 밖에 그들은 유언을 남길 권리와 계승권을 잃는다."

"세속의 정권이 교회에 충성하기를 원하고 이를 스스로 인정한다면 지위고하에 상관없이 신앙을 지키기 위해 우리에게 협력해야 한다. 그들이 통치하고 있는 지역 내의 모든 이단자를 무력으로 몰아내고 그들에게 경고하고 호소해야 하며 필요한 때에는 종교 규범에 따라 벌을 내린다. 앞으로 누구든지 세속의 직무에 취임

〈그레고리 9세가 소집한 툴루즈 공의회〉

이 회의에서는 신도가 라틴어로 된 《성경》을 소지하는 것을 금지하는 결정을 내렸고 《성경》의 역본을 모두 폐기하라는 선고를 내렸다.

할 때는 반드시 이러한 의무를 맡겠다는 선서를 해야 한다."

"모든 대주교와 주교는 반드시 직접 혹은 부주교, 기타 믿을만한 인사를 시켜 매년 한두 차례 관할 구역에서 순시를 해야 한다. 필요하다고 생각되는 곳에는 한두 명 혹은 그 이상의 사람을 파견해 전체 주민에 대한 조사를 시행하고 담당 주교에게 누가 이단자이고 비밀 집회에 참가하고 있는지, 또한 평소 눈에 띄는 신도의 행위와 습관을 보고한다. 주교는 피고인을 소환하여 심문하고 피고는 만약 고소당한 죄에 대해 무죄를 증명할 방법이 없거나 오랜 병이 재발하면 반드시 교회의 법규에 따라 징벌한다."

이 결의에서 신성 법정이 의지하여 성립된 모든 요소와 원칙은 타당한 근거 없이 그 자리에서 급조된 것이었다. 이는 인노첸시오 3세가 임종 전에(그는 1216년에 사망했다.) 마지막으로 시행한 이단에 대해 칙령이자 그의 가장 뛰어난 업적이 되었다. 독일의 중세 시인 포겔바이데^{Walther von der} Vogelweide는 인노첸시오 3세가 제정한 교회 법규에 대해 "지옥이 인류에게 준 가장 암울한 책이다."라고 총체적으로 평가했다. 실제로 라테란 공의회의 결의는 이러한 악평으로부터 자유로울 수 없었다.

13세기 말엽부터 서유럽의 각국에는 보편적으로 종교 재판소가 설립되기 시작했다. 그 중 가장 오래된 것은 1542년에 교황이 설립했고 친히 주재한 '로마와 전 종교 재판소의 신성 위원회와 그 신성한 법정'이다.

툴루즈 공의회

　　　　라테란 공의회의 결의가 단지 원칙 혹은 이론적으로 구성된 신성 법정이라면 1229년의 또 다른 공의회는 바로 이러한 원칙과 이론을 실천에 부친 회의였다.

　1229년의 공의회는 전쟁이 막 끝난 툴루즈에서 열렸고 이는 툴루즈 공의회라고 명명되었다. 이때 라테란 궁의 주인은 제178대 교황 그레고리 9세^{Gregory IX}였다.

　전쟁의 폐허로 도탄에 빠진 백성들과 방치된 일들을 목전에 두고도 그레고리 9세는 어떠한 측은지심도 느끼지 못했다. 교황과 교황청의 모든 관심은 여전히 이단에 반대하는 피비린내 나는 사업에 초점이 맞추어져 있었다. 툴루즈 공의회로 천주교 계통의 전면적인 이단 재판소를 건립하는 노정이 시작되었다. 여기서 우리는 두 가지 중요한 변화를 볼 수 있다. 이단을 특별히 조사하는 법정은 이전에 개별적 혹은 지역적인 성격을 띠고 있었으나 이번 공의회는 라테란 공의회의 결정을 더욱 세분화하고 보충했다. 예를 들어 2년 동안 매년 이단을 밀고한 사람에게

2 마르크를 포상으로 지급할 것을 약속했고 모든 기독교 세계의 조직이 전면적인 법정 형식으로 이단에 대한 상규 심판과 징벌을 실행하도록 확실하게 요구했다. 이전의 교회의 상층부 인사들은 이단의 화형 처벌에 대해 여전히 공개적인 지지는 하지 않았으나 이번 공의회에서는 마니교가 이단으로 결정되자 로마법 전통의 허가를 받아 이단자를 화형에 처했다.

더욱 놀라운 것은 카타리파^{Cathari}와 발도파도 대량으로 《성경》을 사용했다는 사실이다. 원시 기독교와 복음서로 회귀하고 로마 교회의 속임수와 왜곡한 신의 잠언을 본래의 면모로 회복시키는 것은 로마 교황청에 반대하는 계급과 당파가 모두 바라는 일이었다. 이로 인해 툴루즈 공의회는 〈시편〉과 매일 기도문의 단락 외에 신도가 라틴어로 된 《성경》을 소유하는 것을 금지했고 《성경》의 모든 역본을 폐기하라는 결정을 선포했다. 이러한 교령은 처음에는 툴루즈 지역에 국한되었으나 같은 맥락으로 스페인과 기타 지방에서도 이와 유사한 금지령을 발표했다. 모든 기독교는 《성경》의 진리로 말미암아 발생했고 존재하며 지속되는 것이었으므로 그레고리 9세의 《성경》 금지령은 천주교 자체에서 자신들이 거짓말쟁이라고 인정하는 꼴이었다.

〈도미니코 수도회의 수녀들〉

종교 법정

이때에 이르러 신성 법정의 건립은 이제 최후 단계의 작업만 남아 있었다.

그것은 바로 신성 법정의 전임 법관과 종교 재판관을 확보하는 것이었다. 조직을 운영하려면 전문적인 인력이 필요하고 기술 숙련도와 명확한 분업으로 효율성을 높여야 한다. 신성 법정이라는 탄압 조직이 필요로 하는 인재상은 무조건 조직에 복종하고 그들의 행위에서 인류에 대한 감정을 완전히 배제할 수 있는 이들이었다. 1233년에 그레고리 9세는 이 일을 완성했고 그 해부터 그는 도미니코 수도회 Dominican Order의 특별 임명을 선포했다.

종교 재판소는 수시로 활성화 시킬 수 있고 효율성이 높으며 대규모 재판을 처리하는 데 능하도록 제도를 건립했다. 교황은 종교 재판소를 주재하는 최고 권력자였고 종교 재판관들에게 각 지역 종교 재판소의 모든 활동과 관련된 일상적인 사무를 위탁했다. (후에 한 차례 폐지된 적이 있었다.) 서유럽 각지에 파견된 종교 재판관들은 대다수가 도미니코 수도회와 프란체스코Francesco 수도회의 수사修士였다. 그들은 교황이 임명했고 교황의 명령을 직접 받들었다. 그 밑에는 그들을 도와주는 조수와 관할 구역에서 기타 도시 활동의 전권을 가진 책임자 혹은 조수를 임명했고 실질적으로 이단자들의 죄를 규명하고 실증하는 감정사, 공증인, 증인과 검찰관, 피고가 부당한 형벌로 일찍 죽음을 맞이하지 않도록 하기 위한 의사와 형 집행을 담당하는 망나니를 두었다.

이러한 요체 외에도 종교 재판관은 다수의 친족을 거느리고 있었다. 그들은 밀고자, 옥졸, 사내종 및 기타 업무에 지원한 사람들로 종교 재판소의 보조 기구를 구성하고 있었다. 이단을 소멸하기 위해 가장 중요한 조건은 그들의 죄행을 몰래 조사하는 것이었다. 그리고 이단을 발견하는 가장 중요한 경로 중 하나는 바로 격려, 위협, 협박 등등의 수단을 써서 대규모의 밀고를 불러일으키는 것이었다. 신도의 고해성사는 신부가 종교 재판소에 끊임없이 밀고할 수 있게 하는 원천이었다.

이탈리아 아시시Assisi의 부잣집 출신 성 프란시스코는 프란체스코 수도회를 창립했다. 일설에 의하면 그는 작은 새들에게 설교하는 것을 특히 좋아했다고 한다.

그들은 이어서 이단자를 등록해 정탐하고 심문했다. 심문을 할 때는 일반적으로 위협, 유도신문, 자백 등의 수단을 썼고 죄인이 사실을 승인하거나 신앙의 죄를 날조하도록 강요했다. 만약 그렇게 해도 되지 않으면 인노첸시오 3세의 설법에 따라 폭력을 사용해 명확하게 잘못을 인정하고 자백하게 강요했다. 종교 재판소의 고문실에서 이단자들을 기다리고 있는 것은 고문 틀, 고문 사다리, 채찍 등의 형구였다. 채찍질, 낙인, 사지를 잡아당기는 형벌, 물에 빠뜨리는 형벌, 배고픔과 갈증, 혹한과 열사로 그들의 피부가 떨어져 나가게 하거나 집게로 그들의 살을 집는 등 각종 무서운 형벌이 마련되어 있었다. 심문 결과, 사건의 경중과 회개의 정도에 따라 이단자에 대한 판결이 내려졌고 가벼운 벌, 모욕적인 벌, 통상적인 감금, 엄격

종교 재판소에서는 사람들이 두려워하는 각양각색의 가혹한 형벌이 끊임없이 계속되었다.

한 감금, 노역, 교적에서의 제명에 이르기까지 다양한 정도의 벌이 주어졌다. 그리고 어떠한 형벌을 받건 재산 몰수가 이루어졌다.

　이단을 견지하거나 누차 죄를 거듭한 죄인에게는 화형이 선고되었다. 그러나 종교 재판소는 결코 직접적으로 사형을 선고하거나 집행하지 않았다. 단지 그를 교

화형대의 기둥에 묶인 잔 다르크Jeanne d'Arc가 손에 십자가를 쥐고 경건하게 기도를 올리고 있다. 아이러니하게도 그녀의 죄명은 이단이었다.

적에서 제적시킬 것을 선포하고 그들을 석방한 다음 세속의 정권에 넘겼고 그러면 세속의 정권에 의해 화형이 집행되었다. 이처럼 교회의 의지에 따라 세속 정권이 이단자의 사형을 집행하도록 강요한 것은 교회가 결코 살인을 하지 않는다는 거짓된 이미지를 유지하기 위해서였다. 화형을 선고하는 의식은 종종 경축일에 거행되었다. 우선 종교 재판관과 그에게 소속된 친족들은 명망이 높은 시민을 인솔해 죄인을 호송하며 성대한 시위를 진행했다. 그런 다음 미사와 포교를 하고 판결서를 대중 앞에서 낭독했다. 마지막으로 죄인을 불더미에 묶은 다음 산 채로 태워 죽였다. 그리고 유골은 꼼꼼하게 모아서 강에 뿌려 일체의 흔적을 없앴다.

이러한 제도를 기반으로 종교 재판소는 모든 이단자에게 대규모의 피비린내 나는 탄압을 전개했다. 박해를 받은 사람들로는 아모리파Amorite, 성령 형제자매회, 사도 형제회, 자유 신도회, 프란체스코 수도회에서 분화된 속령파와 작은 형제회 등의 평민과 농민 이단이 있었다. 또한 인문주의자, 새로운 종교의 신도, 작가, 학자, 자연과학자, 개신교로 개종해 박해를 받은 유대인과 무어인Moors, 각국 민족의 엘리트와 애국자, 마녀 심지어는 이단자가 아닌 사람까지도 박해를 받았다.

피비린내 나는 탄압

통계에 의하면 수백 년 동안 30만 명이 넘는 사람이 종교 재판소의 화형대에서 참혹한 죽임을 당하거나 다른 사형 판결을 받았다. 혹은 부당한 형벌을 받고 감옥에 가는 등 다른 각종 형벌을 받은 사람은 부지기수였다.

스페인의 종교 재판소에서만 350년 동안 34만 명이 처벌되었고 그 중 3만 2천 명은 산 채로 화형을 당했다. 특히 토르케마다Torquemada는 18년간 스페인 종교 재판소를 주관하면서 1만 명이 넘는 사람을 화형대로 보냈고 11만 4천 곳이 넘는 가정을 섬멸했다. 인구가 많이 부족한 포르투갈에서는 종교 재판소가 576명을 화형시켰고 1,252명이 감옥에서 죽음을 맞았다. 게다가 1만 1천 명이 부당한 형벌을 받았고 특히 부녀자는 종교 재판소의 학대 대상이 되었다.

15세기 후반부터 서유럽, 특히 독일에서는 200여 년간 마녀를 추적해 체포하는 광풍이 계속되었다. 10만 명 이상이 살해당했고 그 중 대부분이 부녀자였다. 마법을 부린다는 이유로 연루된 사람은 수백만 명에 달했다. 종교 재판소는 전지전능했다. 이단이라는 의심을 받는 일반 서민들은 반항할 수 없었고 몸을 감출 곳도 없었다. 그리하여 당시 누군가는 큰소리로 이렇게 울부짖었다고 한다. "기독교 신도로서 자신의 침대에서 평온한 죽음을 맞이하는 일이 이렇게 어려운 일인지 몰랐다!"

템플 기사단

이단을 진압한 가장 큰 목적은 바로 그들의 재산을 약탈하기 위해서였다. 종교 재판소에 넘겨진 거의 모든 이교도의 재산은 몰수되었다. 스페인에서는 기독교로 개종하는 유대인과 무어인이 잇따라 대대적으로 발생하기도 했다. 결국 그들은 종교 재판소의 박해를 견디지 못해 나라를 버리고 도망쳤다. 물론 그들의 재산은 하나도 남김없이 몰수되었다. 몰수된 재산은 부분적으로는 종교 재판소의 경비와 교회에 대한 상납금으로 충족되었고 일부분은 왕실에 귀속되었다.

종교 재판소는 재산을 약탈하기 위해 가짜 이단 사건을 꾸며내는 데 열심이었다. 바로 템플 기사단 사건이 전형적인 예다. 템플

〈템플 기사단의 기사들〉
템플 기사단의 구성원이 되기 위해서는 수도회의 3대 규정–정조, 청빈, 복종–에 따를 것을 맹세해야 할 뿐 아니라 성지 순례자를 보호할 것을 맹세해야 했다. 이것이 바로 그들이 성지의 군사 수도회로서 일반 수도회와 구별되는 특징이었다.

기사단은 실제로 프랑스의 부유한 봉건 귀족을 대표하는 집단이었고 천주교 교회의 신뢰를 받을만한 충성스러운 수행자 집단 중 하나였다. 그러나 통치자는 템플 기사단이 지닌 거액의 재산에 눈독을 들였다. 그리하여 프랑스의 국왕과 교황은 날조된 죄명을 공모해 종교 재판소를 통해 수천 명이나 되는 기사단을 섬멸했고 이로 말미암아 많은 사람이 화형대에 올랐다. 결국 템플 기사단의 방대한 재산은 국왕과 교황청의 손아귀에 들어가게 되었다.

교황청의 수호자

템플 기사단은 1114년에서 1118년에 이르는 기간에 예루살렘에서 설립된 중세의 종교 및 군사 조직이다. 템플 기사단이 설립된 궁극적인 목적은 제1차 십자군 원정 후에 팔레스타인에 온 성지 순례자를 보호하기 위해서였다. 이는 위그 드 파앵Hugues de payens과 생토메르Saint-Omer의 고드프루아 드 부용Godefroy de Bouillon이라는 두 명의 기사가 설립한 조직이었다. 초창기의 구성원에는 클레르보 드 베르나르Bernard de Clairvaux의 숙부인 안드레Andre도 포함되어 있었다.

템플 기사단은 결성되자마자 대단한 성공을 거두었고 트로이Troy 회의 이후 신속하게 다수의 새로운 구성원 및 재물 헌납을 받아들였다. 결성된 해 말에 템플 기사단은 이미 프랑스, 잉글랜드. 스코틀랜드, 이베리아Iberia 반도에 재산을 소유하고 있었고 최종적으로는 이탈리아, 오스트리아, 독일, 헝가리, 콘스탄티노플Constantinople의 토지도 손에 넣었다. 그리하여 템플 기사단은 매우 짧은 기간에 천주교 왕국에서 교황의 통치 권위 다음으로 가장 부유하고 강력한 조직이 되었다.

템플 기사단이 소유한 막대한 재산은 거의 한 나라와 비견될 정도였다. 12세기

1127년부터 기사단의 초대 단장을 맡은 위그 드 파앵은 유럽에서 선전과 징집 활동을 시작했다. 기사단은 막대한 기부금을
확보할 수 있었는데 특히 프랑스에서는 많은 귀족이 토지를 기사단에게 헌납했고 이로 인해 그들은 거의 유럽 전체에 골고루
토지 재산을 소유할 수 있게 되었다. 게다가 이러한 토지 재산은 세금이 면제되었다.

말에 기사단은 유럽에서 9천여 개의 사업을 소유하고 있었고 그중에는 런던의 성
전이나 베를린의 성전 궁과 같은 매우 유명한 교회당 및 성이 포함되어 있었다. 심
지어 일정 기간 동안에 기사단이 키프로스Cyprus 섬 전체를 소유한 적도 있었다.
이렇게 막대한 부는 강력한 직업 군대를 양성해 조직을 유지할 수 있게 해주었다.
설령 전쟁에서 막대한 손실을 입었다고 하더라도 그들은 신속히 복구할 수 있었
다. 그러나 결국 템플 기사단은 이러한 부로 말미암아 파멸하게 된다.

필리프 4세|Philippe IV

200년에 달하는 기사단의 활동 기간 동안 그들은 막대한 부와 권력을 이용해 적들을 물리칠 수 있었다. 수많은 적 가운데 가장 대적하기 어려웠던 것은 바로 프랑스의 필리프 4세였다.

1307년 10월 13일 금요일에(이것이 바로 13일의 금요일의 유래다.) 아무런 징조도 없이 필리프 4세는 프랑스 각지의 사무관에게 밀서를 보냈고 동시에 그것을 열어보게 했다. 그 밀서의 내용은 바로 각지의 템플 기사단 구성원을 체포하라는 것이었다. 필리프 4세의 갑작스러운 기습 작전은 성공을 거두었고 이로 말미

필리프 4세는 프랑스 카페 왕조Capétiens후기에 강력한 권세를 가진 군주 중 하나였다. 그의 권력은 교황청도 굴복하게 만들었으며 집권한 후 1세기 안에 교황청 소재지를 프랑스의 아비뇽Avignon으로 옮겼다. 필리프 4세의 요구에 따라 교황은 1312년에 가장 중요한 수행자 기사단 중 하나인 템플 기사단을 이단이라고 선포했다. 템플 기사단이 소유한 막대한 재산은 필리프 4세에게 많은 장점을 가져다주었다. 필리프 4세는 템플 기사단을 단속하면서 그 구성원들을 잔혹하게 학살했다.(대다수는 이단이라는 죄목으로 죽임을 당했다.)

암아 프랑스에 있는 기사단 구성원이 거의 체포되었다. 파리에서만 기사단 구성원 138명이 체포되었고 그중에는 템플 기사단의 단장 자크 드 몰레Jacques de Molay를 포함한 고위층 간부도 포함되어 있었다.

종교 재판소에서는 효과적인 활동으로 템플 기사단의 자백을 이끌어내기 시작했다. 그중에는 단장 자크 드 몰레 또한 포함되어 있었는데 재판소는 그에게 모든 기사단 구성원에게 비밀 유지의 의무 해지 명령을 내리라고 요구했다. 몰레가 이

명령을 내린 후 기사단 구성원은 재판소에 각양각색의 기괴한 자백을 하기 시작했다. 어떤 이는 기사단이 입회 시에 십자가를 향해 침을 뱉으라는 요구를 했다고 인정했고 어떤 이는 기사단이 마법을 부린다고 이야기했다. 또 어떤 이는 그들이 이교의 우상을 숭배하고 있다고 말했는데 말하는 사람마다 묘사하는 우상의 형상이 전부 달랐다. 그 밖에도 기사단 구성원 간에 동성애가 이루어지고 있다는 진술이 있었는데 아마도 그중에서 유일하게 믿을 만한 진술일 것이다. 기록에 따르면 파리 일대에서만 36명의 기사단 구성원이 심문 중에 사망했다고 한다. 우리는 이를 통해 어떠한 상황에서 이러한 자백을 얻어냈던 것인지 쉽게 짐작할 수 있다.

위의 진술만 보자면 우리는 템플 기사단이 마력이 있는 바포메트Baphomet 신을 숭배했으며 그리스도를 거부하고 십자가를 멸시했다고 생각할 수밖에 없다. 실제로 템플 기사단에는 정말로 중동 철학과 종교가 침투해 있었고 이슬람교, 유대교, 기독교의 화해를 도모하고 있었다. 적어도 그들이 이 세 가지 신앙을 존중한 것은 확실하다. 그렇지 않으면 전통에 의해 진작 이단으로 치부되었을 테니 말이다. 그러니 템플 기사단의 구성원이 완전히 반反그리스도를 제창하는 이교도라고 묘사된 것은 좀 과장된 부분이 있다고 볼 수 있다.

그러나 기사단은 자신들의 멸망을 재촉할 이 기괴한 신앙을 널리 알리려 노력했다. 심지어 그들 중 초인이 있다고 말함으로써 오묘한 비밀을 지닌 자신들의 신앙이 그럴싸하게 보이도록 포장했다. 그들은 자신들이 몇 세기 전에 여리고Jericho 성을 무너뜨린 군대의 화신이자 그리스도의 성배를 지키는 전설 속의 수호자라고 했다. 또한 스스로 점성학자, 연금술사, 마법사라고 일컬으면서 기사단의 위엄을 지키고 적들에게 위협을 가하고자 했다. 템플 기사단은 신화의 가치를 누구보다 잘 알고 있었으며 이러한 관념이 고착될수록 사람들에게서 두려움과 존경심을 불러일으킬 거라 예상했다. 실제로 당시 사람들은 기사단을 두려워하는 동시에 존경했다.

그러나 필리프 4세가 체포령을 내린 후 7년간 프랑스에서는 템플 기사단에 대한 혹독한 박해가 전개되었다. 이는 교황청의 지휘 아래 이루어졌으며 그로 인해 종교 법정은 더욱 강력해졌다.

1314년 3월 18일에 기사단의 마지막 단장 자크 드 몰레는 화형에 처해졌다. 그의 죽음은 1118년에 창시된 템플 기사단의 해체를 의미했다.

필리프 4세가 템플 기사단에 대해 피비린내 나는 박해를 가한 원인은 명확하게 기재되어 있지 않으며 역사학자들도 이에 대해 다양한 의견을 가지고 있다. 그중에서도 필리프 4세가 템플 기사단의 재산을 노리고 그러한 행동을 취했다는 것이 비교적 공인된 관점이다. 유전무죄가 아닌 유전유죄인 셈이다.

과학에 대한 심판

교의가 곧 진리

　　오랫동안 신권의 통치를 받았던 유럽에서는 봉건 통치의 질서를 공고히 다지기 위해 오랜 기간 신학이 과학을, 야만성이 자유를 대신해왔다. 신학자들은 우주란 각종 계급의 천사들로 이뤄진 수정구이며 움직이지 않고 정지해 있는 지구가 이러한 수정구의 중심이라는 황당한 공언을 했다. 그들은 고대 그리스의 천문학자 프톨레마이오스Klaudios Ptolemaeos의 '지구는 우주의 중심'이라는 학설을 추앙했다. 그래서 태양은 인류에게 은혜를 베풀기 위해 신이 창조한 것으로 지구의 주위를 돌면서 빛을 비춘다고 생각했다. 그들에게 있어 이는 영원불변하고 절대 뒤엎을 수 없는 진리였다.

　천주교 교회의 종교 재판소는 이 황당무계한 이론을 옹호하기 위해 다른 의견을 제시하는 사람들에게 폭력을 사용했다. 1327년에 이탈리아의 천문학자 체코 다스코리Cecco d'Ascoli는 지구는 단지 행성에 불과하며 지구의 다른 편에도 사람이 살고 있다고 주장한 죄로 산 채로 화형 당했다. 그가 이렇게 참혹한 박해를 당한 이유는 그의 주장이 성경의 교리에 위배되기 때문이었다. 1600년 2월 17일에는 이탈리아의 철학자 조르다노 브루노^{Giordano Bruno}가 로마의 산타마리아 광장에서 산 채로 화형 당했는데 곳곳에서 코페르니쿠스^{Nicolaus Copernicus}의 학설을 선전하며 천동설을 동요시켰다는 것이 그 이유였다.

갈릴레이는 자신이 발명한 망원경을 이용해 목성과 그 주위를 도는 4개의 위성을 발견해 코페르니쿠스의 학설에 명확한 근거를 찾아냈다. 그러나 교황청의 협박 때문에 그는 본의 아니게 이 사실을 부정할 수밖에 없었다.

갈릴레이^{Galileo Galilei}의 심판

갈릴레이는 조르다노 브루노와 동시대 사람으로 파도바^{Padova} 대학에서 교편을 잡고 있을 때 코페르니쿠스의 저서 《천체의 회전에 관하여^{De revolutionibus orbium coelestium}》를 읽은 적이 있었다. 걸출한 폴란드의 천문학자 코페르니쿠스는 이 책에서 태양이 태양계의 중심이며 지구와 다른 행성은 모두 태양의 주위를 운행하고 있다는 이론, 즉 지동설을 대담하게 제기했다. 이러한 학설은 갈릴레이에게 지대한 흥미를 불러일으켰다. 그리하여 그는 태양이 지구를 돈다는 기존의 학설과 이와 상반된 코페르니쿠스의 견해 중 어떤 것이 옳은지 과학자로서 의문을 품게 되었다. 갈릴레이는 경솔하게 결론 내리지 않고 우선 자신이 직접 망원경을 가지고 어느 의견이 옳은 것인지 실증하기로 결정했다.

마침내 갈릴레이의 저서 《시데레우스 눈치우스sidereus nuncius》가 출판되었을 때 그는 이미 코페르니쿠스의 학설의 확고한 지지자가 되어 있었다. 그는 관측과 연구를 통해 점점 코페르니쿠스의 학설이 옳고 프톨레마이오스의 천동설이 잘못된 것이며, 아리스토텔레스Aristoteles의 의견 또한 확실하지 않다는 사실을 인식하게 되었다. 갈릴레이는 아리스토텔레스의 논문에 대한 반론을 발표했을 뿐 아니라 서신을 통해 조금도 거리낌 없이 코페르니쿠스의 학설을 지지한다는 사실을 표명했다. 그는 심지어 이 서신의 사본을 직접 로마 교회에 보내기도 했다. 갈릴레이는 과학자의 양심은 바로 진리를 따르는 것이라고 생각했다.

그러나 로마 교황청은 갈릴레이를 가만 놔두지 않았다. 그들은 우선 갈릴레이에게 말을 가려서 하라는 엄중한 경고를 보냈고 그가 의견을 굽히지 않자 로마로 데려와 심문하기 시작했다. 1616년 2월, 종교 재판소는 다시는 갈릴레이가 코페르니쿠스의 학설을 선전하도록 허락하지 않겠다고 선포했다. 그리하여 갈릴레이는 강의에서나 자신의 저서에서 다시는 코페르니쿠스의 학설이 진리라고 말할 수 없게 되었다.

갈릴레이는 16년 전에 조르다노 브루노가 검은 도포를 걸친 위풍당당한 신의 수호자들에 의해 산 채로 화형 당한 사실을 잊을 수 없었다. 만약 반항을 한다면 그의 말로도 결코 조르다노 브루노와 다르지 않을 터였다.

결국 교회의 위협에 굴복하여 갈릴레이는 강제로 코페르니쿠스의 학설을 포기한다는 성명을 발표했다. 그는 극심하게 고통스러워했고 피렌체Firenze로 가서 침묵 속에 몇 년을 보냈다.

그러나 갈릴레이는 결코 코페르니쿠스의 학설을 포기하지 않았다. 오히려 관측을 계속하여 더욱 심도 있는 연구를 해나갔고 이를 통해 코페르니쿠스의 학설이

명료한 과학적 사실이라는
것을 더욱 확신하게 되었
다. 피렌체 교외에 있는 첼
리에^{Ceglie} 별장에서 갈릴레
이는 세상과 완전히 격리
된 체 살았다. 그의 몸은
예전 같지 않았고 병마는
잔혹하게 그를 괴롭혔다.
그러나 그는 여전히 코페
르니쿠스의 학설을 전파하

〈갈릴레이의 심판〉
교회의 위협 아래 갈릴레이는 강제로 코페르니쿠스의 학설을 포기한다는 성명을 발표했다.
그는 극심하게 고통스러워했고 피렌체로 가서 침묵 속에 몇 년을 보냈다.

는데 전념했다. 그는 오랜 기간 구상한 내용을 5년 가까이 집필한 끝에 위대한 저
서 《프톨레마이오스와 코페르니쿠스의 2대 세계체계에 관한 대화^{Dialogo sopra i due}
^{massimi sistemi del mondo, tolemaico e copernicaon}》를 탄생시켰다.

　《프톨레마이오스와 코페르니쿠스의 2대 세계체계에 관한 대화》는 표면적으로
세 사람의 대화 형식을 취하고 있으며 옳고 그름에 대한 편견 없이 프톨레마이오
스의 천동설과 코페르니쿠스의 지동설을 객관적으로 서술했다. 그러나 이 책이
1632년 2월에 어렵게 출판되었을 때 세심한 독자들은 이 책이 충분한 논거와 변론
할 수 없는 사실을 들어 아리스토텔레스와 프톨레마이오스의 잘못된 이론을 비
판하고 있으며 코페르니쿠스의 지동설을 과학적으로 논증하고 종교 신학의 철저
한 파탄을 선포하고 있음을 어렵지 않게 간파해낼 수 있었다.

　사냥개보다 예리한 후각을 자랑하는 교회는 즉각 이 책이 내포한 두려운 사상
의 냄새를 맡았다. 숨김없이 당당하게 결론을 밝힌 이 책의 내용으로 말미암아 신

비록 교황 우르바누스 8세는 갈릴레이의 재능을 매우 높이 샀지만 로마 교황청의 권위를 유지하기 위해 이전과 마찬가지로 갈릴레이를 종교 재판소에 넘겼다.

학자들은 두려움에 떨었다. 그 결과, 일찍이 갈릴레이에 대해 불만을 품고 있던 학술 사기꾼들이 즉각 교회와 결탁하여 무고한 죄를 뒤집어씌울 음모를 꾸몄다.

난무하는 폭력

절대 화해할 수 없는 과학과 신학의 싸움이 시작되었다. 1632년 8월에 로마의 종교 재판소는 이 책의 판매 금지 명령을 내렸고 로마 교황청은 전문 위원회를 지명하여 책 내용에 대한 심의를 진행했다. 갈릴레이는 곧 자신에게 큰 불행이 닥쳐오리란 것을 예감했다. 그의 예감대로 10월이 되자 로마에 와서 심문에 응하라는 종교 재판소의 공문이 내려왔다.

이때 갈릴레이는 이미 69세의 노인이었다. 병마에 시달리는 그를 위해 곳곳에서 많은 이들이 사정을 봐달라고 호소했다. 그러나 로마 교황청은 이에 분노하며 말했다. "그가 거동을 할 수 없다는 사실을 증명하지 못하는 이상 언제든지 우리가 필요로 할 때 그에게 수갑을 채워서 로마로 호송하도록 하라!"

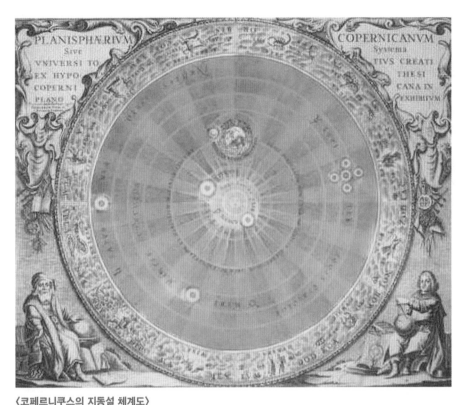

〈코페르니쿠스의 지동설 체계도〉

이 이론을 지키고 더욱 합리적인 과학 이론을 더하기 위해 무수한 과학자들은 자신의 선혈과 생명을 바쳤다.

칠순에 가까운 나이에다 몸이 쇠약해진 갈릴레이는 어쩔 수 없이 추운 겨울에 병든 몸을 이끌고 로마로 향했다. 그리고 모진 고문의 위협 아래 세 차례 심문을 받았으나 해명할 기회는 주어지지 않았다. 몇 차례의 박해 끝에 결국 1633년 6월 22일에 성 마리아 수녀원의 대강당에서 열 명의 추기경이 연석하여 함께 판결을 선고했다. 갈릴레이의 주요 죄명은 1616년의 금지령과 성경의 교리를 위배했다는 것이었다. 갈릴레이는 차가운 대리석 바닥에 무릎을 꿇고 앉혀진 다음 교황청이 이미 작성해 놓은 시말서에 서명을 해야 했다. 재판장은 갈릴레이에게 종신 감금형을 선고했고 《프톨레마이오스와 코페르니쿠스의 2대 세계체계에 관한 대화》를 전부 소각시켰으며 그의 다른 저서를 출판하거나 재판하는 것 또한 금지시켰다. 이 판결문은 즉시 천주교 교계 전체에 통보되었고 대학이 설치되어 있는 도시에서는 이를 대중 앞에서 낭독해 일벌백계하도록 했다.

1642년 1월 8일에 갈릴레이는 병으로 세상을 떠났다. 장례는 초라하게 치러졌으며 다음 세기가 되어서야 그의 유골은 간신히 그의 고향에 있는 성당에 안치될 수 있었다.

제3장

마녀와 늑대 인간

중세 말기부터 유럽에서는 일련의 재난과 전란이 일어
나기 시작했다. 기독교 교회 또한 바빌로니아^{Babylonia}
망명과 교회의 대분열이 일어나면서 지도자적 지위를
잃고 쇠락했다. 게다가 영국과 프랑스 사이에 발발한
백년 전쟁의 불길은 유럽 전체를 휩쓸고 14세기 초의
농작물 흉작으로 대기근이 발생하면서 페스트가 유행
했다. 이렇듯 중세 말기의 유럽은 불안으로 가득 차 술
렁이는 시대였다.

마녀 공황증

마녀로 간주되어 사형당한 사람들

　　　　　빅토르 위고Victor-Marie Hugo의 《노트르담 드 파리Notre Dame de Paris》는 주인공 집시 여인 에스메랄다의 비극적인 인생을 그려내고 있다. 그녀는 어릴 때 버려진 후 집시를 따라 유랑생활을 한다. 그리고 사람을 구하기 위해 자진해서 불운한 극작가 그랭구아르와 명목상 결혼하지만 그녀가 진심으로 사랑한 사람은 호탕한 품성의 호위대장 페뷔스였다. 그러나 둘만의 밀회를 즐길 때 몰래 뒤를 밟은 신부가 호위대장을 찔러 상처를 입히면서 그녀는 즉시 체포되어 감옥에 갇히게 된다. 그리고 모두 알듯이 살인죄가 아닌 마녀라는 명목으로 고발되어 재판장에 서게 된다.

　소설에서는 법정에서 방청하는 극작가 그랭구아르와 제3자의 대화를 통해 법조직 구성을 묘사하고 있다.

　"오른쪽에 있는 사람은 대법정의 재판관이고 왼쪽에 있는 사람은 심문관입니다. 공증인들은 검은 옷을 걸치고 있고 법관 어른은 붉은 옷을 걸치고 있습니다."

　"그들의 상석에 앉은, 땀을 뻘뻘 흘리고 있는 벌건 얼굴을 한 뚱뚱한 사람은 누구입니까?" 그랭구아르가 물었다.

"재판장입니다."

"그 앞의 멧돼지는?"

"그는 최고 법원의 형사 법정의 서기관입니다."

"그렇다면 오른쪽의 악어는요?"

"왕실 특별 장식사 나리입니다."

"저 쪽에 있는 분은 왕실 종교 법정의 검사관이자 심판관입니다."

"이봐요, 선생." 그랭구아르가 말했다. "저기 사내대장부들은 도대체 무엇을 하는 겁니까?"

"재판입니다."

"누구를 재판합니까? 나는 피고를 본 적이 없는데요."

"저 여자요, 선생. 당신은 그녀가 안 보일 겁니다. 그녀는 우리를 등지고 있습니다. 게다가 군중이 막고 있지요. 보시오. 저기 긴 창을 들고 있는 무리가 있는 곳에 피고가 있습니다."

"저 여자는 어떤 사람입니까? 당신은 그녀의 이름을 압니까?" 그랭구아르가 물었다.

"아니오, 선생. 저는 금방 왔습니다. 추측하건대 아마도 이 사건은 마법에 관한 것일 겁니다. 종교 심판관들까지 심리에 참가합니다."

심판을 기다리는 마녀들

중세의 마녀들은 '악마의 연인'으로 여겨졌고 잔혹한 박해를 받았다.

마녀를 징벌하기 위해 각종 잔인무도한 형벌이 사용되었다.

에스메랄다의 안건을 심리할 때, 그녀가 마술을 부린다는 것을 증명하기 위한 또 다른 피고는 바로 그녀가 기르던 염소였다.

종교 법정의 검찰관은 여전히 탬버린을 손으로 만지작거리며 염소를 유인하기 위해 곡예를 부렸다. 이러한 곡예는 모두 이미 본 적이 있는 것이었다.

상황은 더욱 나빠지기 시작했다. 검찰관이 염소의 목에 달린 가죽 주머니 속에서 움직이는 알파벳을 꺼내어 바닥에 뿌렸다. 그곳에 있던 모든 사람은 염소가 발굽으로 흐트러진 알파벳 속에서 죽은 사람의 이름을 추려내 배열하는 모습을 지켜보았다. 그 글자는 바로 페뷔스였다.

이렇게 되자 호위대장이 마법에 의해 살해당했다는 것은 명약관화해 보였다. 어느새 대중은 예전에도 몇 차례나 봐왔던 집시 무녀들의 춤이 사람들을 현혹시키는 악마의 주술이라 여기게 되었다. 이미 그들의 머릿속에서 집시 무녀들은 흉악한 마녀의 모습으로 변해 있었다.

마지막으로 검찰관이 에스메랄다에게 인정하도록 한 죄명은 다음과 같다, 각종 악귀나 가면귀, 흡혈귀와 함께 지옥의 파티, 모임 등에 자주 참석한 것, 템플 기사단의 흉악한 기사를 우상으로 숭배한 것, 염소로 변신한 사탄과 왕래한 것, 사탄

과 떠도는 영혼을 이용해 페뷔스 호위
대장의 암살을 모의한 것 등이었다.

소설의 배후

빅토르 위고가 이 책에
서 묘사한 15세기 중엽에서 17세기 중
엽에 이르는 2세기 동안은 서유럽의
역사상 마녀 사냥 운동이 가장 매섭게
휘몰아치던 시기였다.

이 시기에 교수형을 당하거나 화형에
처해진 마녀가 모두 몇 명인지는 확실
히 밝혀내는 것은 어렵겠지만 추측하
건데 그 수는 몇 만 명에서 몇 십만 명
에 이를 것으로 예상된다.

중세 초기에 사람들은 마법을 매우 신비하게 생각했지만 결코 두려워하지
않았다.

1590년에 독일을 여행했던 어느 여행객은 자신이 다녀온 향촌 지방 곳곳에서
마녀를 처형하는 화형대와 교수대가 사악한 숲을 이루고 있었다고 기록하고 있
다. 이외에도 드문드문 보이는 기록들만 읽어봐도 모골이 송연해진다. 1513년 제네
바Geneva에서는 3개월 동안 500명의 마녀가 사형 당했다. 게다가 독일의 어느 지역
에서는 1580년에서 1590년에 이르는 10년 동안 7천 명의 마녀가 사형을 당했는데
그 중 마을 두 군데에서는 마녀를 완전히 소탕했고 다른 마을 두 군데에서는 단
지 여성 2명만이 살아남았다. 작센Sachsen 지역에서는 1589년에 하루에 133명의 마

중세의 전설에서 마녀는 변신술을 사용할 수 있다고 했다. 밤의 장막이 드리워질 때마다 그들은 각종 기괴한 모습으로 변신했다.

녀를 처형한 적이 있었고 알자스Alsace의 도시 세인트 알라만Alemanni에서는 1596년에 200명 이상의 마녀가 처형되었다. 당시 다른 도시 라보르드Laborde에서는 1609년에 4개월 동안 600명이 넘는 마녀가 사형을 당했다. 1615년부터 40년 동안 유명한 도시 스트라스부르Strasbourg에서는 마녀라는 죄로 처형된 사람이 5천 명이 넘었고 뷔르츠부르크Würzburg에서는 800명이 넘는 사람이 사형 당했다. 또한 함부르크Hamburg에서도 1500명이 넘는 마녀가 형장에 올랐다.

법관들은 마녀를 체포한 사실을 자랑으로 여겼다. 독일의 니콜라스 레미Nicolas Remi라는 법관은 자신이 1576년에서 1606년에 이르는 30년 동안 로트링겐Lothringen 지역에서 2, 3천 명의 마녀를 화형에 처하라는 명령을 내렸다고 스스로 밝혔다. 어느 프랑스 법관은 1577년에 그가 보르도Bordeaux에서 400명의 마녀에게 사형 판결을 내렸다고 이야기했으며 또한 1609년부터 그의 동료와 함께 다른 지역에서 많은 사람을 학살하고 몇백 개의 화형대에 불을 붙였다고 주장했다. 현대의 많은 역사학자는 이러한 피비린내 나는 자기자랑을 보고 위와 같은 무시무시한 숫자가 아마도 그들의 공적을 자랑하기 위해 날조된 것이 아닌가라는 의문을 제기했다.

참으로 기묘하게도 실제 서유럽 사회에서 마녀사냥이 흥성하던 시기와 역사의 발전 궤도에 오른 시기는 동일하다. 당시 서유럽에서는 위대한 르네상스 운동이 전개되고 있었으며 종교 개혁 운동, 로마법 부흥 운동도 역시 같은 시기에 일어났다. 이러한 사실은 마녀 재판의 야만성과 암울한 부분을 더욱 잘 드러내 준다.

체포와 사냥

천주교 교회가 제창한 운동

마녀 사냥은 로마 교황청이 제창하고 명령을 내림으로써 서유럽 전체에 골고루 영향을 미친 숙청 운동이다.

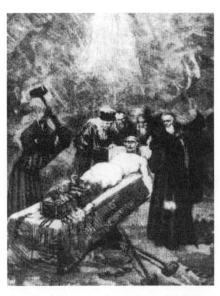

인쇄술이 보급됨에 따라 더욱 많은 학자, 선교사, 법관들이
마녀를 체포하고 심문하는 방법을 총괄하고 논술했다.

교황 인노첸시오 8세는 1484년 12월 5일에 교령을 반포하고 천주교 교회가 마녀 사냥 운동에 개입한다는 신호를 알렸다. 교령에서는 여러 지역의 남녀 백성들이 '자신의 속죄를 잊고 천주교의 신앙에서 벗어났으며 꿈에서 이성과 성교한다. 또한 맹세를 저주하며 마법을 부리고 요사스러운 말로 대중을 현혹시킨다. 온갖 악행을 저지르는 것은 물론이고 여자들이 출산을 하지 못하게 하고 작은 동물을 죽인다. 그리고 농작물을 자라지 못하게 하며 과수를 마르게 한다.'라고 지적하고 있다. 이를 바꾸어 말하면 각 지역에서

키르케(Circe)는 고대 그리스 신화에서 가장 유명한 마녀였다. 강력한 마력을 가지고 있었고 그녀의 이름은 훗날 마녀를 대표하는 대명사가 되었다.

만약 이러한 나쁜 일이 발생하면 교령에 따라 누군가가 마녀라는 누명을 쓸 수밖에 없었다는 것이 된다.

교황의 지시가 내려진 후 교황의 법관들은 적극적으로 행동을 개시했다. 1486년에 이단 심문관 H. 크래머H. Cramer와 J. 슈프렝거J. Sprenger는 마녀 사냥의 교과서라고 할 수 있는 《마녀의 망치Le marteau des sorieres》를 집필했고 이는 스트라스부르에서 정식으로 출판되었다. 이 책은 이후 반세기 동안 마녀 심판에 있어 교과서적인 역할을 맡게 되었다.

인쇄술이 보급되면서 더욱 많은 학자, 선교사, 법관들이 마녀를 체포하고 심문하는 방법을 총괄하고 논술하게 되었다. 이러한 서적은 마녀의 정의를 명확하게

그리스 신화에서 메데이아Medeia는 달의 여신의 양녀로 그녀는 많은 흑마술을 사용하는 법을 알고 있었고 영약을 제조했으며 점술 및 독의 사용법을 알고 있었다. 그녀는 마법이 강했을 뿐 아니라 매우 잔인했다. 중세에 그녀의 이미지는 사악한 마녀로 변했다.

내리고 있다. 예를 들어 장 보댕Jean Bodin은 그의 저서에서 마녀에 대해 다음과 같이 정의했다. '마녀는 사탄의 지시를 받으며 사탄의 목적을 실현하는 사람이다.' 또한 어느 법관은 다음과 같이 정의했다. '마녀는 사탄과 계약을 맺어 얻은 힘을 바탕으로 상식적으로 이해할 수 없는 행동을 하는 사람이다.'

마녀 사냥은 일반적으로 고발에서부터 시작되었다. 어떤 경우는 피해자가 기소를 하거나 밀고자가 폭로하는 경우도 있었다. 심지어는 밀고만 전문으로 하는 사람이 대량 출현하기도 했다. 1644년을 전후하여 프랑스의 부르고뉴Bourgogne 지역에서는 마녀의 눈에서 번쩍이는 사탄의 섬광을 볼 수 있다는 양치기가 있었고 1670년 프랑스 남부의 베어네이즈Béarnaise에서는 16세의 사제가 현지의 향촌을 두루 돌아다니며 6,210명의 마녀를 적발했다.

마녀를 감정하는 방법

마녀에 대한 고발이 잇따르는 상황에서 만약 사람들이 고발하기만 하면 마녀는 바로 잡혀와 재판을 받았다. 마녀의 죄는 사탄과 동맹을 맺은 것인데 사탄과의 동맹은 바로 신에 대한 배신을 의미했다.

재판을 받을 때는 물론 가혹한 고문이 가해졌고 피고인이 고문실 밖에서 스스로 원해 자백을 할 때까지 계속되었다. 만약 마녀가 고문을 당하고도 죄를 자백하지 않으면 신의 심판이라고 불리는 몇 개의 방법으로 마녀를 감정해냈다.

화형 감정 아직 판결이 나지 않았기 때문에 마녀를 화형 시켜 죽이는 것은 아니다. 화형 감정이란 피고의 손에 달구어진 쇠를 쥐게 하고 일정한 거리를 달리게 하거나 혹은 눈을 가리고 맨발로 달구어진 쟁기를 걷게 하는 것이다. 3일 후에 손이나 다리를 살펴보고 만약 상처가 있다면 그것은 피고가 유죄라는 것이며 만약 상처가 없다면 피고는 석방될 수 있었다.

침수 감정 이 감정은 다양한 방법으로 진행되었다. 일반적으로 피고의 손발을 묶은 후 다시 몸 전체에 밧줄을 묶은 다음 마녀를 저수지나 강에 던졌다. 만약 피고가 수면 위로 떠오르면 그것은 의심할 여지없이 마녀라고 판정되었다. 왜냐하면 마녀의 체중이 가볍다는 사실을 모두가 알고 있었기 때문이다. 만약 피고가 물속으로 가라앉으면 그것은 무죄를 의미했다. 그러나 이때 대다수의 피고는 이미 익사한 상태였다. 어떤 때는 피고가 죽지 않은 상태에서 물속으로 가라앉아도 무죄를 선고할 수 없었다. 이는 사탄이 그녀에게 물밑에서 호흡하는 능력을 주었기 때문이라고 생각했던 것이다.

체중 감정 일설에 따르면 마녀는 밤중에 빗자루를 타고 여기저기 날아다닐 수 있기 때문에 당시 사람들은 마녀의 체중이 매우 가벼워 25킬로그램을 넘지 않

자신이 마녀가 아니라는 것을 증명하기 위해 여자들은 종종 극도의 모욕을 받아야 했다.

는다고 생각했다. 만약 피고 한 사람(신장이 정상인 사람)의 체중을 잴 때 25킬로그램
이 되지 않으면 피고는 의심의 여지없이 마녀로 간주되었다. 반대로 25킬로그램이
넘으면 마녀는 사탄에게서 부여받은 마법을 사용할 수 있으므로 사전에 저울에
마법을 걸었을 것이라고 생각했다.

　　침술 감정　이 감정 방법은 잉글랜드의 위치 피킹Witch-picking에서 유래한다. 마
녀인지 아닌지 판별하는 방법은 피고가 침에 찔렸을 때 피가 나는지 여부에 달려
있었다. 당시의 사람들은 마녀와 사탄이 결탁하면 몸에 사탄이 남겨 놓은 날인(예
를 들어 모반 등)이 있고 침으로 날인을 찔렀을 때 마녀는 통증을 느끼지 않고 피도
흘리지 않는다고 생각했다. 그러나 어떠한 침은 수공업으로 대단히 정교하게 만

들어져서 사용할 때 침 끝 부분이 오그라들며 몸으로 들어가 마녀로 몰린 여인은 통증을 느끼지도 못했고 피가 흐르지도 않았다.

눈물 감정 당시 사람들은 마녀가 눈물을 흘리지 않는다고 생각했다. 감정할 때 피고를 울게 만들고 만약 눈물을 흘리지 않으면 피고는 마녀로 확정되었다. 그러나 눈물을 흘린다 해도 이 역시 사탄의 소행으로 여겨 결국 유죄를 판정받았다.

심판과 사냥

《노트르담 드 파리》에서 묘사한 것처럼 적발된 마녀에 대해서는 재판이 진행되었고 각지의 세속 법원과 종교 심문관이 공동으로 심리를 진행했다.

로마 교황청이 이끄는 천주교 교회는 원래 재판권이 없었다. 그러나 교황청의 세력이 확장되자 교황 그레고리 9세는 1233년 4월 20일에 법령을 발포하여 로마 교황청의 직속기관으로 이단 재판소를 설립하고 법령을 발표했다. 이는 프랑스와 주변 지역의 기독교 이단을 진압하는 것이 목적이었다. 이단 재판소에서는 교황청이 직접 파견한 선교사가 이단 심문관을 겸직하면서 교황의 권력을 대표하여 이단 혐의자의 심리를 맡았다.

교황 인노첸시오 8세가 마녀 사냥에 대한 교령을 공포한 이후 이단 심문관의 권력은 크게 확장되었고 급기야 민간의 형사 소송까지 간섭하기 시작했다. 그래서 각 왕국의 현지 법원은 《노트르담 드 파리》에 나오는 것처럼 혼합적인 형태의 법정을 조직했다. 일단 누군가가 마녀를 고발하면 종교 심문관은 죄명이 성립하는지 여부를 확정지었고 그런 다음 세속 법관에 의해 처벌 방법이 선포되었다.

마녀는 초자연적인 힘을 지녔다고 생각해서 심문할 때는 죄를 따져 묻는 방식

마녀를 심판하기 위해 통상적으로 혼합 법정을 구성해 재판을 진행했다.

을 주로 사용했다. 법관은 《마녀의 망치》와 같은 저서에서 규정한 질문 방식에 따라 치밀하게 유도신문을 했다. 예를 들어 "당신은 마녀의 존재를 믿는가?"라고 물었을 때 피고가 만약 "아니오."라고 대답한다면 그녀가 사탄과 그 동료인 이단 이 세상에 존재한다는 사실을 부인하는 것이 된다. 반면 "네."라고 대답한다면 바로 "당신은 어떻게 마녀를 아는가?"라고 묻는다.

일단 마녀라는 사실이 확정되고 나면 그 다음 판결은 단 한 가지, 사형밖에 없었다. 단지 지역에 따라서 피고가 먼저 죄를 인정하고 교수형을 당한 다음 다시화형을 당하는가 아니면 피고가 단호하게 죄를 부인하다가 산 채로 화형을 당하는가에 대한 차이만 있을 뿐이었다.

세일럼의 마녀재판 사건

이것은 미국 역사상 유일한 대규모의 마녀 박해 사건이다. 유럽에서 몇백 년간 유행한 마녀 박해와 마찬가지로 정치가 어지러운 시대에 발생했다. 비록 미국의 경우는 짧은 기간에 국소적인 지역에서 일어난 사건이었지만 역사학자를 비롯하여 이 사건을 아는 이들은 모두 집단 히스테리가 얼마나 무서운 것인지 보여주는 사건이라고 이야기한다.

유화 《리비아Libya의 마녀》의 일부분

새로운 총독

1692년 5월 16일에 새로운 총독 윌리엄 핍스William Phips가 취임했다.

보스턴 동북 지역의 세일럼이라는 마을은 당시에 매우 번성한 곳이었다. 이 마을에서는 1689년부터 사유 교회를 건립하는 것이 허용되었는데 당시 목사였던 새뮤얼 패리스Samuel Parris는 예전에 상업에 종사하던 사람이었다. 그는 항상 규율에 따라 엄격하게 조처했고 신자들에게 재물을 요구해 교회에 내재된 모순을 격화시켰다. 그리하여 많은 주민들이 패리스를 몰아낼 방법을 궁리했고 1689년 10월에는 그의 급여 지불이 중지되기까지 했다.

이러한 주변 환경에 스트레스를 받았기 때문인지 패리스 목사의 9살짜리 딸 베티Betty와 조카딸 아비가일Abigail은 바베이도스Barbados에서 온 하녀 티투바Tituba가 잠잘 때 들려주는 이야기에 유난히 빠져들었다. 어린 소녀들은 다른 친구들에게도 같이 이야기를 듣자고 청했다.

그러던 1692년 2월에 베티와 아비가일은 이상한 병에 걸렸다. 그들은 종종 의식을 잃었고 날카롭게 소리를 지르거나 물건을 마구 던졌다. 때로는 몸 전체에 경련을 일으키거나 고통으로 신음하기도 했다. 이어서 다른 아이들에게도 같은 증상이 나타났고 마을 전체는 두려움에 휩싸였다.

과연 누가 마녀인가?

패리스 목사는 의사를 불렀으나 이 의사는 아이들이 마법에 걸렸다는 진단을 내렸다. 그 후로도 몇 명의 목사들이 아이들에게 기도를 해주기 위해 마을을 찾아왔으나 아무런 효과가 없었다. 그래서 목사들은 누가 이 소녀들에게 마법을 부렸는지 알아내고자 했다.

당시 사람들은 보편적으로 사탄은 사람을 통해 나타난다고 생각했다. 이는 사

유화 《리비아의 마녀》의 일부분

탄이 반드시 사람을 선택해 자신의 대리인으로 내세운다고 믿었기 때문이었다. 그리하여 사탄은 대리인의 형상으로 나타나 다른 사람을 해치고 유령은 단지 당하는 사람에게만 보일 뿐이라는 요지의 유령 증거설이 법정에 받아들여졌다.

소녀들은 어른들의 무리한 강요에 못 이겨 3명의 여인을 마녀로 지목했다. 그 사람들은 바로 하녀 티투바, 부랑자 사라 굿Sarah Good, 계약 결혼을 하고 교회에 집회에 잘 참석하지 않던 사라 오스본Sarah Osborne이라는 여인이었다. 이 세 사람은 모두 마녀의 기준에 딱 들어맞는 사람들이었고, 아무도 그녀들을 위해 변호하려 나

유럽이나 미국에서는 집시 여인들이 종종 마녀라는 중상모략을 당했다.

서지 않았다. 결국 1692년 2월 28일에 이 세 사람은 체포되어 감옥에 들어가게 되었다.

3월 1일, 두 명의 촌장 조나단Jonathan과 존John은 작은 마을의 의사당에서 공개적인 증언 청취회를 열었다. 조사원은 그들에게 조사를 하는 것보다는 차라리 기소하는 것이 더 낫다고 했다. 임신 중인데다 누더기 옷을 입은 초췌한 몰골의 사라 굿은 촌장들 앞에 서서 소녀들을 학대했다는 사실을 단호히 부정했다. 그러자 이때 소녀들이 갑자기 경련을 일으키기 시작하더니 사라 굿이 자신들에게 고통을 가져다준다며 비난했다. 그러나 그녀는 법정으로 소환되기 전에 자신에게 씌워진 모든 죄목을 사라 오스본에게 떠넘겼다.

사라 오스본은 아파서 누워있는 채로 체포되었다. 사라 굿과 마찬가지로 그녀는 소녀들을 홀렸다는 사실을 인정하지 않았다. 소녀들은 또 이전처럼 병이 난 연기를 했다. 오스본은 자신이 사람들을 홀리는 마녀가 아니라 오히려 자신이 홀린 사람이라고 주장했다. 그녀는 전에 인디언이 자신을 찾아와 그녀를 끌어내어 목을 조르는 꿈을 꾼 적이 있다고 말했다.

사람들의 상상 속에서 마녀는 통상 추하고 흉악한 괴기한 형상으로 묘사되었다.

오직 하녀 티투바만이 심판관이 원하는 대답을 했다. 그녀는 우선 자신은 사탄과 밀접한 관계가 없으며 4명의 여자와 1명의 남자가 함께 소녀들에게 상해를 가했노라 주장했다. 그들이 소녀들을 해치는데 동참하지 않으면 자신을 해치겠노라 위협했다는 것이다.

티투바는 굿과 오스본의 이름을 거명했으나 다른 두 사람의 이름은 말하지 못했다. 심판관의 유도 하에 그녀는 고양이와 이야기를 나누거나 빗자루를 타고 다닌다는 둥, 키가 크고 신원이 불분명한 보스턴의 남자가 있다는 둥 유령과 관련된 이야기를 엮어내기 시작했다.

이어서 또 다른 두 여인이 고발을 당했다. 먼저 마사 코리Martha Cory는 소녀들의

당시 유럽인들은 고양이를 마녀의 공범자로 생각해서 고양이를 많이 죽였다. 이는 중세에 고양이 수가 크게 감소한 원인이 되었고 이로 말미암아 고양이가 거의 멸종될 위기에 처했다. 고양이를 죽인 결과 쥐로 인한 피해가 범람하게 되었고 이로 인해 무서운 흑사병이 발생해 유럽에서만 대략 2,500만 명이 넘는 사람이 희생되었다.

이야기를 믿을 수가 없다고 솔직히 이야기했기 때문에 공격을 받았다. 다른 쪽은 레베카 너스Rebecca Nurse라는 나이가 많고 허약하지만 우아한 여성이었는데 그녀는 소녀들의 상태를 물어본 적도 없었고 평판이 나쁘지 않았는데도 그녀의 여동생까지 고발당했다. 조사 과정에서 재판관은 수많은 의심스러운 증거들을 찾아냈다. 조사관의 공정성이 의심스러웠어도 사람들은 두 여인이 죄가 있다고 믿었다.

　5월이 되자 세일럼 마을과 보스턴의 감옥에는 재판을 기다리는 마법 관련 혐의자들이 넘쳐났다. 대략 200명이 넘는 사람이 마법을 사용한다는 죄로 고발당했는데 여자가 남자보다 훨씬 많았다. 사라 굿의 5살짜리 딸부터 이전 마을의 목사였던 조지 버로우즈George Burroughs에 이르기까지 수많은 사람이 감금되었다. 전 목사였던 버로우즈는 세상을 떠난 두 명의 전처에 대한 책임뿐만 아니라 인디언 전쟁 중에 살해된 사병에 대한 책임까지 져야 했다. 어느 선교사는 버로우즈 목사가 마녀의 공모자라고 생각했다. 사라 오스본은 5월 10일에 감옥에서 죽어 이 마녀재판의 첫 번째 희생양이 되었다.

억울한 영혼

　　　　제일 처음 재판을 받은 사람은 브리짓 비숍Bridget Bishop이라는 술집 여종업원이었다. 그녀는 잠자고 있는 아기의 요람에 유령을 넣어서 그 아이를 병들어 죽게 했다는 혐의로 고발당했다. 그녀가 이러한 고발을 당한 것은 처음이 아니었다. 그녀는 12년 전에도 마녀로 고발당했다가 무죄로 석방된 적이 있었다. 사람들은 그녀의 집에서 침이 많이 꽂혀있거나 머리가 없는 나무 인형을 발견했고 이번에야말로 확실한 증거를 잡았다고 여겼다. 당시 사람들은 마녀들이 나무 인형에 침을 꽂아 사람을 해친다고 믿었기 때문에 이러한 황당한 일이 가능했다. 결국 비숍은 6월 10일에 유죄 판결을 받고 교수형에 처해졌다.

　법정은 6월 28일에 다시 열렸다. 5명이 동시에 재판을 받았고 그중 레베카 너스 한 사람만이 간단한 심문 뒤에 석방되었다. 레베카 너스는 이미 71세의 노인이었고 그녀의 모든 행동은 어찌 되었든 마녀로 보이지는 않았다. 사람들이 기억하는 이 영리한 노인의 유일한 잘못은 그녀가 이전에 목사 제임스 앨런James Allen과 지역을 구분하는 문제로 한 차례 논쟁을 벌인 적이 있었다는 것뿐이었다. 게다가 그녀는 귀가 어두워 다른 사람의 말에 대한 반응이 느렸다. 그러나 배심원들이 그녀가 무죄라는 판결을 내렸을 때 소녀들은 포효하며 바닥을 발로 차고 굴렀다. 법

1480년에서 1780년에 이르는 기간은 유럽 역사에서 가장 피비린내 나는 300년이었다. 마녀재판은 중세의 역사에 암울한 핏빛 그림자를 드리웠고 인류 문명의 역사상 가장 잔혹한 부분이 되었다.

정 내의 소란스러움을 의식한 법관은 배심원들에게 판결에 대해 다시 한 번 심사숙고할 것을 요구했다. 결국 배심원들은 논의 끝에 죄행이 성립한다는 판결을 내렸고 레베카 너스와 그녀의 딸 4명은 1692년 7월 19일에 교수형에 처해졌다.

1692년 여름에는 6명의 마녀가 교수형을 당했지만 매사추세츠Massachusetts 지역의 마녀재판은 중지되지 않았다. 갈수록 병의 증상을 보이는 사람들이 많아졌고 그로 말미암아 마녀 고발과 재판도 늘어났다. 빈부격차와 직업을 막론하고 모두 고발을 당했고 아무도 이를 피해갈 수 없었다.

감옥에 수감되는 사람이 증가함에 따라 1602년 8월 5일에 법정은 연이어 재판을 열고 목사 조지 버로우즈, 존 프록터John Proctor와 그의 아내 엘리자베스, 조지 제이콥George Jacobs, 존 윌라드John Willard, 마사 캐리어Martha Carrier를 심판대에 올렸다. 이 재판에서 유령 증거설은 매우 중요한 역할을 했다. 조지 버로우즈의 안건에서는 그가 이전에 자신의 아들에게 세례를 주지 못한 사실을 은폐한 것이 심리에 불리하게 적용되었다. 여섯 사람은 거의 모두 법정에서 유죄를 선고받았고 교수형에 처해졌다. 엘리자베스만이 임신을 이유로 목숨을 건질 수 있었다.

조지 버로우즈 목사는 형의 집행이 임박했을 때 주기도문을 한 자도 틀리지 않고 암송했다. 마녀나 마법사는 주기도문을 정확하게 암송할 수 없으므로 이를 통해 자신의 무죄를 증명하려고 한 것이다. 그러나 결국 그는 목숨을 건지지 못했다.

1692년 9월 중순에 행해진 자일즈 코리^{Giles Cory}의 재판으로 마녀 사냥의 잔혹성은 더욱 현저하게 드러났다. 코리는 재판 중에 단 한마디도 하지 않았는데 법관은 경관에게 그가 재판에 협력할 때까지 그의 몸에 돌을 쌓아 올리라고 명령했다. 그는 합의 법정 옆에 있는 뜰로 끌려갔다. 손과 발이 묶인 채로 그의 몸에는 돌이 하나씩 쌓이기 시작했다. 가슴 부분까지 돌이 쌓일 때까지도 그는 여전히 법관의 질문에 대답하기를 거절했다. 그는 외쳤다. "계속하시오." 이것이 그의 유일한 요구였다. 그는 결국 돌무덤 속에서 죽음을 맞았다.

자일즈 코리의 죽음도 마녀재판의 진행을 막을 수는 없었다. 1692년 9월 22일에는 또 여덟 명의 교수형이 집행되었다. 레베카 너스의 여동생 매리 이스티^{Mary Easty}는 형이 집행되기 전에 법관에게 편지를 보냈다. "저의 죽음이 임박했다는 것을 알고 있습니다. 만약 가능하다면 하나님의 전능하신 능력으로 이제 더는 무고한 생명을 잃는 일이 없게 해달라고 기도합니다. 당신들의 행위는 반드시 비극을 부를 것입니다. 저는 당신들의 능력과 마녀재판이라는 방법이 과연 무고한 생명을 앗아가지 않을 수 있는지 의문을 표합니다. 저는 결백하므로 당신들이 그릇된 길을 가고 있다는 걸 잘 알고 있습니다. 다만 전능하신 주님이 자비를 베푸시어 당신들이 스스로 죄를 깨닫게 하시기를 바랍니다. 그래야만 무고한 사람의 피가 헛되지 않을 수 있을 테니까요."

조지 버로우즈 목사가 주기도문을 암송한 사실과 자일즈 코리가 법관의 질문

중세 유럽인들에게 있어 흑사병은 비로 생명의 마지막을 의미하는 것이었다.

에 답하기를 거부한 것, 그리고 매리 이스티가 법관에게 보낸 편지는 마녀재판에 대한 대중의 지지를 크게 감소시켰다. 실제로 많은 사람들이 무분별하게 고발을 일삼았고 재판은 갈수록 통제 불능 상태에 빠져들었다. 그리하여 10월 목사와 법관을 비롯한 몇몇 이들이 마녀재판이 무고한 사람의 생명을 앗아갔다고 주장하기에 이르렀다. 그중 인크리스 매더Increase Mather는 보스턴의 성직자들에게 "열 명의 혐의자를 놓치는 것이 한 사람의 무고한 생명을 잃는 것보다 낫다."고 이야기했다.

비극과 용서

비난 여론이 팽배해지자 윌리엄 핍스 총독은 1692년 10월 29일에 불가피한 상황을 제외하고는 마법에 대한 혐의가 있는 사람을 감옥에 가두어서는 안 되며 혐의자에게 어떠한 상해를 가해서도 안 된다는 명령을 내렸다. 그는 또한 10월 29일에 특별 재판 법정의 해산을 명령했다.

핍스 총독의 명령과 인크리스 매더 목사가 보스턴의 성직자들을 비난한 일, 그리고 마녀재판에 대한 지지도의 감소로 말미암아 세일럼을 지배했던 히스테릭한 공포는 흔적도 없이 사라지게 되었다. 사람들은 히스테리 증세에 대해 관심을 가

지지 않기 시작했고 재판도 보류되었다. 1693년 1월에 최후의 마녀재판이 종결되었다. 1693년 5월에 핍스 총독은 압송된 모든 마법 혐의자들을 대사면하면서 관련 재판을 중지했다. 그리하여 세일럼 마녀 재판 사건은 교수형에 처해진 이와 돌에 깔려 압사당한 자일즈 코리를 포함하여 총 스무 명의 희생자를 내고 종말을 맞이했다.

늑대 인간을 찾아라

중세 시대에 늑대는 사악함의 상징이었다. 유럽 전반에 늑대 인간과 관련된 망상이 만연해 있었으며 수없이 많은 사람이 이 망상으로 고발당해 가혹한 형벌을 받거나 사형 당했다. 만약 누군가의 손과 발에 긴 털이 나 있거나 눈썹이 짙고 치아가 튀어나와 있으면 늑대 인간으로 간주되었다. 초승달이 뜨는 날에 출생했거나 늑대에 물린 사람 역시 마찬가지였다.

정부의 권한서

1573년 늦가을에 프랑스 북부에 위치한 어느 마을의 농부들이 정부의 권한을 위임받고 마을에 화를 불러오는 늑대인간을 잡으러 간 일이 있었다. 권한서의 내용은 다음과 같다.

"민중의 의견에 의하면 여러 지역에서 늑대 인간이 자주 출몰하여 마을을 습격하고 일방적인 해를 입힌다고 한다. 이에 민간에 끼치는 해를 철저히 해소하기 위하여 정부는 지금부터 누구든지 수단과 방법을 가리지 않고 늑대 인간을 체포하

거나 죽일 수 있다는 공고를 발표하
는 바이다. 늑대 인간을 추적하
여 체포하는 과정에서 체포
자가 상해를 조성해도 그
에 대한 형사상의 책임을
지지 않음을 공고하는 바
이다. 1573년 9월 13일"

바로 이러한 공고가 발표된
지 얼마 지나지 않아 마을 사람들은 그
들이 일찍이 원한을 가지고 있
던 늑대 인간을 붙잡았다.

마을 부근의 어느 작은 숲에는
초라하고 작은 집이 한 채 있었다.

유럽인들은 늑대에 특별한 공포를 가지고 있었다. 이러한 공포는 북유럽과 동남부 유럽의 민간 전설에 기원한다. 이러한 지역에서 늑대는 치명적인 야수로 간주되었고 특히 가난한 사람에게는 더욱 그러했다.

그 집에는 부부가 살고 있었는데 그들은 깨끗한 것을 좋아했고 친구를 사귀는 것을 별로 좋아하지 않았다. 남편의 이름은 가르니에Garnier로 항상 무뚝뚝한 표정을 짓고 있었으며 비실비실한 모습이었다. 게다가 항상 구부정한 자세로 걸어 다녔다. 그는 안색이 창백하고 눈이 움푹 파인데다 눈썹이 길어서 사람들의 눈에는 넋이 나간 사람처럼 보였다. 그는 이야기를 나누는 것을 좋아하지 않았고 가끔씩 몇 마디를 하는데 그조차도 잘 알아들을 수가 없었다. 그는 긴 회색 턱수염을 기르고 있었다. 게다가 그는 집에서 나오는 일이 드물었기 때문에 그를 아는 사람들은 그를 일컬어 은둔자라고 불렀다.

비록 그를 이해하는 사람은 많지 않았지만 그렇다고 해서 그가 늑대 인간이라

중세 시대에 늑대 인간은 괴이하고 공포적인 모습으로 묘사되었다.

고 의심하는 사람은 없었다. 그러던 어느 날 부근에서 농사일을 마치고 막 집으로 돌아가려던 농부들이 돌연 늑대가 울부짖는 소리를 들었다. 그리고 바로 이어서 어린아이의 비명 소리가 들려왔다. 농부들은 급히 소리가 들려오는 방향으로 뛰어갔다. 가서 보니 큰 회색의 늑대가 막 이를 드러내고 발톱을 치켜세우며 어린아이에게 달려들고 있는 게 아닌가. 농부들이 뛰어오는 것을 보자 늑대는 급히 머리를 돌려 숲 속 깊은 곳으로 도망갔다. 그때는 이미 날이 제법 어두워졌기 때문에 농부들은 무턱대고 쫓아갈 수가 없었다. 후에 누군가는 그것이 큰 회색 늑대였다고 말했고 다른 누군가는 그 늑대의 생김새가 은둔자 가르니에와 매우 닮았다고 말했다. 이 사건은 그 해 12월 8일에 발생했다.

같은 해 12월 14일에 남자아이 한 명이 사라졌다. 후의 사람들의 기억에 의하면 그 아이가 마지막으로 발견된 것은 황혼 무렵이었으며 당시 마을 부근에서 놀고 있는 모습을 목격한 사람이 있었다.

재판

     이러한 이유로 사람들은 즉각 가르니에를 잡아 재판에 송부했다. 법정에서 사람들은 가르니에에게 불리한 많은 증거를 제시했다.

  어떤 사람은 가르니에가 어느 집의 포도원에서 12살짜리 여자아이를 습격하는 장면을 직접 본 적이 있다고 말했다. 이 증인의 말에 의하면 가르니에는 이빨과 발톱으로 어린아이를 죽이고 그 아이를 숲 속으로 끌고 가 옷을 벗긴 다음 살을 뜯어 먹었다고 했다. 인육이 맛이 있었는지 늑대 인간은 배부르게 먹은 후 자신의 부인 아폴린Apolline에게 주려고 인육을 가지고 갔으며 이때부터 부부 두 사람은 인육에 빠져들었다고 주장했다.

  그들의 주장에 따르면 할로윈Halloween이 지나고 팔일 째 되는 날, 가르니에는 또다시 늑대 인간으로 변해 여자아이를 또 공격했다. 그가 만찬을 맛보려고 할 때 돌연 세 사람이 나타났고 그는 도망칠 수밖에 없었다.

  할로윈이 지나고 열흘 째 되는 날에 가르니에는 자신이 살고 있는 마을에서 1마일 정도 떨어진 지역에서 열 살 정도 되는 남자아이를 습격했다. 그는 우선 그 남자아이를 산 채로 목 졸라 죽이고 그 대퇴부와 팔의 살을 뜯어먹었다. 게다가 아이의 배를 파헤치고 그 안에

늑대 인간은 서양의 신비한 문화 중에서도 가장 인기 있는 화제이다. 일설에 의하면 이 괴물은 평소에는 보통 사람과 다름없는 외양을 하고 있지만 보름달이 뜨는 밤이 되면 늑대로 변신한다고 한다.

로마 교황청은 늑대 인간은 사탄이 통제하는 도구이고 목적은 사람들에게 해를 가하기 위함이므로 반드시 제거해야 한다고 주장했다.

있는 내장을 전부 끄집어내었다.

어느 금요일 밤에 가르니에는 한 마을 부근의 숲에서 열두세 살 정도 되는 남자아이를 붙잡았고 그를 숲 속으로 끌고 들어가 살해했다. 그가 인육을 먹으려고 할 때 마을의 농부 몇 사람이 쫓아와 늑대 인간이 가르니에라는 사실을 알아채고는 즉각 그를 법정으로 송부했다는 것이다. 결국 가르니에는 변호할 기회도 얻지 못한 채 신속하게 사형에 처해졌다. 망나니는 그를 광장에 매달고 사람들이 보는 앞에서 화형 시켰다.

가능한 해석

어느 해석에 따르면 당시의 연고와 내복약에는 환각제 효과가 있는 약초나 식물이 포함되어 있었기 때문에 늑대 인간이 되고 싶은 사람들에게 환각을 일으켜 자신이 진짜 늑대 인간으로 변했다고 느끼게 했을 거라고 한다.

비교적 사람들이 믿을만한 또 다른 해석은 소위 늑대 인간은 단지 광견병에 걸린 환자에 지나지 않는다는 해석이다. 이러한 환자는 전설 속에 나오는 늑대 인간과 똑같은 행동을 하기 때문에 이로 인해 더욱 많은 헛소문이 꼬리를 물고 번져나가게 된 것이라고 한다.

제4장

유배

고대 형벌의 역사를 살펴보면 유배는 사형과 거의 동등
한 형벌이었다. 유배는 단지 죄인이 남은 목숨을 겨우
부지해 나가는 시간을 조금 더 늘려주는 수단에 불과했
다. 고대 서양에서는 유배당한 사람을 사냥하는 것을
장려하기도 했다.

유배와 군역

고대 형벌의 역사를 살펴보면 유배는 사형과 거의 동등한 형벌이었다. 유배는 단지 죄인이 남은 목숨을 겨우 부지해 나가는 시간을 조금 더 늘려주는 수단에 불과했다. 심지어 고대 서양에서는 유배당한 사람을 사냥하도록 장려하기도 했다.

유배의 역사는 동양, 특히 중국에서 서양보다 훨씬 이전에 시작되었으나 그 잔혹성은 훨씬 미약했다.

중국 전통 서적에 의하면 황제는 일찍이 죄인을 유배시키는 형벌을 만들어냈다.

다시 돌아올 수 없는 길

중국 유가 사상의 관점에 따르면 중국은 일찍이 전설 속의 황제黃帝 시대부터 유배 형식의 형벌이 존재했다고 한다. 유배의 '유流'라는 글자의 의미는 물이 흐르는

중국 역사상 가장 위대한 건축물인 만리장성이 건설되는 과정에는 유배된 많은 이들이 동원되었다.

것과 마찬가지로 한번 가면 다시 돌아올 수 없다는 뜻이다. 이는 죄인이 영원히 황망한 땅으로 쫓겨나 다시는 집에 돌아오지 못함을 나타낸다. 이후 상주商周 시대에도 유배가 형벌로 존재했다.

만약 출토된 문서를 신뢰할 수 있다면, 최소한 춘추전국시대의 진秦나라 법률에는 이미 좌천이라는 형벌이 있어서 죄인의 가족 전체를 국경지역으로 보내 살도록 했다는 사실을 볼 수 있다. 이후 진나라가 여섯 나라를 통일했고 이러한 형벌은 중국 전체로 확대되었다. 양한兩漢 시대에도 여전히 이러한 형벌이 존재했으며 종종 사형을 대신해 사용되었다.

유형

　　정식적인 명칭은 '유형流刑'으로 북주北周의 법률이었다. 유배의 거리에 따라 5개의 등급으로 나누었다. 이는 후에 수隋나라에서도 법률로 계속 이어졌으나 등급은 3등급으로 변형되었고 3이라는 숫자는 '멀고, 넓다'는 상징적 의미를 가지고 있었다.

　　당唐나라의 법률에서는 유형을 2천 리, 2천 5백 리, 3천 리의 세 가지 등급으로 나누었다. 죄인은 고향으로부터 3등급의 거리에 떨어진 지방에 유배되었고 현지의 관청에서 1년간 노역을 한 후 현지에 주민으로서 정착하고 가족을 데려올 수 있었다. 후에 대열에 끼어들어 정착한 사람들과 가까운 거리에 살았다. 그밖에도 '가역류加役流'라는 형벌의 종류가 있었는데 이는 죄인이 3천 리 밖으로 유배된 후 현지의 관청에서 3년간 부역을 한 후에야 정착할 수 있는 제도였다. 당나라의 황제는 종종 대사면을 선포했는데(평균 18개월이 좀 넘는 기간 동안 한 차례 이루어졌다.) 유배된 죄인은 일반적으로 모두 고향으로 돌아올 수 있었지만 가역류를 받은 죄인은 사면을 받을 수 없었다.

칭기즈칸Chingiz Khan**의 초상화**

　　이러한 유형은 위협적인 성격을 띠었으나 현실적인 한계가 있었다. 비록 당시의 백성들이 오랫동안 살아온 곳을 떠나지 않으려는 관념이 매우 강했을지라도 유배된 후 몇 년이 지나면 은사를 입어 고향으로 돌아올 수 있었기 때문에 그다지 무서운 형벌이라고 볼 수 없었다. 그래서 송宋나라는 원래 유형의 죄목을 대부분 곤장으로 바꾸

없고 중죄를 범한 죄인은 곤장을 때린 후 얼굴에 글자를 새겨 유배를 보냈다. 그들은 고향 이외의 지역으로 보내져 창고나 운수 물자를 지키는 등의 잡역을 했다. 현재의 관점으로 본다면 이는 유배라고 할 수 있었다.

몽고인이 중국에 건립한 원元나라는 영토가 광활했고 이에 유배도 자연히 중요한 형벌이 되었다. 원나라의 유배는 3등급으로 나누어졌으며 기본적인 제도는 당나라나 송나라와 크게 다르지 않았다.

유배를 기다리는 청나라의 죄수

명明나라는 당나라의 법률을 전면적으로 부활시킨 것으로 알려져 있다. 그러나 유형을 받는 죄인은 일률적으로 장형 1백 대가 더해졌고 이를 다 맞은 후에 유배 길에 올랐다. 유배지에 도착해서는 1년 동안 부역을 한 후 정착할 수 있었다. 그밖에 명나라의 법률에는 많은 죄를 군역에 처하는 법률이 있었는데 죄인은 각지의 군사 주둔지로 압송되어 사병으로 충당되며 둔전(屯田. 주둔병이 농사를 하는 땅-역주)을 지급받았다. 그들은 평소에는 농사일을 하다가 전쟁 시에는 전쟁에 참전했다. 군역은 호적을 바꾸는 것과 마찬가지였기 때문에 대사면이 효력이 없었고 죄인 본인과 그 자손은 대대손손 군인이 되어야 했다. 이것이 바로 일반적인 유배에 비해 더욱 고통스러운 점이었다.

청나라의 새로운 방법

청淸나라는 예부터 내려오는 유형과 군역을 따랐으나 군역은 군인이 되는 것이 아니라 그 지역에 정착하는 것에 불과했다. 그밖에 청나라는 새로운 추방 형벌을 만들었는데 이는 죄인을 만주滿洲나 지금의 신장新疆 지역으로 보내 무장한 노예가 되도록 하는 것이었다. 이는 사형에 버금가는 괴로운 형벌이었다.

영국인의 새로운 발명

유배

18세기에 영국의 인구가 급증함에 따라 범죄율도 놀랄 정도로 상승하게 되었다. 이에 지배 계층은 크게 당황했고 격앙된 목소리로 법률과 질서를 부르짖었다. 그러나 경찰의 역할이 무능력한 사회에서 유일한 무력적인 위협 방법은 잔인하고 경계성을 지닌 형벌밖에 없었다.

잉글랜드에서는 명부에 적힌 사형에 해당되는 범죄가 200여 종으로 늘어났고 교수형 대는 그 책임을 다하느라 삐걱거렸다. 위조, 사칭, 협박 편지, 여성계승인 납치, 추밀원 관원의 암살 기도, 소매치기, 해적, 가축을 죽이는 것, 방화,

미국 최초의 건설자는 사실 영국 정부에서 북미의 식민지로 유배 보낸 죄인들이었다.

해적에 대해 영국 정부가 취한 조치는 두 가지였다. 하나는 그들을 교수형에 처하는 것이었고 다른 하나는 식민지로 보내는 것이었다.

모독, 아마를 훔치는 것, 벌목, 저수지가 아닌 곳에 물고기를 놓아주는 것 등 어지간한 범죄에는 모두 교수형이라는 판결이 내려졌다.

심지어 40실링Shilling을 초과하는 금액의 도둑질도 일반적으로 사형에 처해졌다. 모자 하나나 손수건 한 장을 훔쳐도, 심지어는 소고기 한 덩이를 훔쳐도 사형을 당했다. 1801년에 13살 아이 앤드류 브라우닝Andrew Browning은 숟가락 하나를 훔쳤다는 이유로 교수형을 당했다. 그러나 브라우닝과 같은 사건이 가장 비참한 유형은 아니었다. 심지어 7살짜리 어린아이도 사형을 당했다.

이러한 상황에서 많은 원고가 기소를 원하지 않았고 배심원들 또한 죄를 결정하는 것을 거절했다. 그들은 지푸라기라도 잡는 심정으로 피고를 구제할 수 있는 법률을 찾아냈다. 만약 누군가 도둑질을 한 죄로 고발당하면 배심원들은 자신의 직책이 허락하는 범위 안에서 위증하기 위해 노력했다. 그들은 훔친 물건의 가격이 40실링 이하라고 위조했다.

사형을 선고받은 죄인들이 모두 교수형 대에 올라가는 것은 아니었다. 법원은 사형을 유배로 감형시키는 선택을 했다. 영국에서의 유배란 아메리카 식민지로 보내져 계약 노예가 된다는 것을 의미했는데 이는 아메리카 식민지의 노동력이 극도로 부족했기 때문이었다. 어떠한 유배 죄인들은 동정심 없는 잔혹한 주인에게 보

식민지에 유배당한 죄수들은 여전히 엄격한 감시를 받았다.

내지기도 했다. 그러나 통상적으로 형을 다 채운 노예들은 토지를 받고 다시 시작할 기회를 잡을 수 있었다. 종전의 유배 죄인들은 성공해서 존중받는 시민이 되었다.

1775년 까지 잉글랜드는 매년 아메리카에 2,000명의 죄인을 유배 보냈다. 그러나 열세 군데의 식민지가 독립을 얻은 후 잉글랜드는 죄인을 팔아넘길 새로운 곳을 찾아야 했다.

표류하는 감옥

잉글랜드는 죄인을 팔아넘길 새로운 곳을 찾는 동시에 심각하게 중

영국에서 아메리카 식민지로 죄인을 수송하던 선박

가하는 죄인들을 일정 지역에 가두어야만 했다. 현존하는 감옥은 이미 포화상태였고 망나니들은 초과 근무를 하고 있었다.

80여 년 동안 계속된 임시방편은 바로 오래된 군함을 표류하는 감옥으로 사용하는 것이었다. 그러한 폐선은 비좁고 공기가 통하지 않았으며 견딜 수 없을 만큼 더러웠고 해충이 기어 다녔다. 열악한 선박의 조건으로 말미암아 죄인은 4명 당 1명꼴로 사망했다. 도시의 감옥과 마찬가지로 폐선에는 할 일 없는 사람이 가득했다. 죄를 선고받은 죄인들뿐만 아니라 거지와 정신병자, 사생아도 수감되었다. 심지어 2살짜리 어린아이가 이층 갑판 밑에서 발견되었다는 기록이 있을 정도였다.

유배를 부흥시킨 후에도 이러한 폐선은 아직 남겨져 있었다. 1828년에도 여전히 4,000명의 죄인이 감옥 선박에 수감되었다. 최후의 폐선은 1875년이 되어서야 침몰했다. 그러나 아마도 폐선에서 살아남은 죄인들은 차라리 다른 표류하는 감옥에 갇히기를 간절히 바랐을 것이다. 폐선의 목적지는 바로 오스트레일리아였다. 이 새로운 식민지는 죄인을 처벌하기 위한 장소로 그곳에 거주하는 절대다수의 주민들이 자신이 원해서 이민을 간 것이 아니었다.

이 배에서 제일 처음으로 영국 본토의 죄수들이 오스트레일리아로 유배되었다. 이는 영국 정부가 오스트레일리아 식민지를 개척한 발단이 되었다.

목표는 오스트레일리아

　　　　　1787년에 유배자를 태운 첫 번째 배가 시드니 항에 닻을 내렸다. 전체 여정은 무려 8개월이 걸렸고 도착한 사람들의 상황은 끔찍했다. 이러한 선박의 선장은 계약직으로 고용된 사람들이었는데 그들의 보수는 호송한 죄인의 머릿수로 계산되었다. 이는 선박 내의 질서를 혼잡하게 하고 식량을 속이는 등 다양한 형태의 학대를 야기했다.

　이렇게 호송된 죄인들은 완곡하게 '정부의 사람'이라고 불렸고 현지의 도로를 건설하거나 다리를 개설하는 일에 동원되었다. 많은 죄인들은 저렴한 노동력으로 식민지의 사람들에게 임대되었다. 아메리카와 마찬가지로 그들의 운명은 고용주의 자비심에 따라 결정되었다. 절대다수의 유배자들은 결국 자유를 얻었고 농민이나 상인이 되었으나 일부는 내지로 도망가거나 지역의 악당이 되기도 했다.

체포된 악당과 구제할 방법이 없는 다른 사람들은 노펵 섬Norfolk island의 공포 감옥으로 보내졌다. 그곳의 조건은 더욱 가혹했고 수감자들은 자살 협의에 서명하기 급급했다. 그들에게는 죽음만이 유일한 도주 방법이었다.

그 밖의 나라들

유배를 시행한 나라는 영국뿐만이 아니었다. 19세기에 프랑스는 남아메리카의 가이아나Guyana와 태평양의 뉴칼레도니아New Caledonia에 형벌을 위한 식민지를 건설했다. 스페인, 이탈리아, 포르투갈은 아프리카의 속국에 죄인을 유배시켰다. 러시아의 차르는 시베리아에 정치범을 유배시켰다.

흥미를 가지기 시작한 프랑스인

역사는 참으로 오묘하다. 영국인이 유배 식민지에 대한 잔혹성을 갈수록 증오하고 있을 무렵 프랑스는 갑자기 유배라는 썩 괜찮은 형벌에 깊은 흥미를 가지기 시작했다.

악마의 섬 Devil's Island

1852년에 첫 번째 프랑스인들이 카르피해 남부의 악마의 섬에 도착했다. 이 섬은 남아메리카의 프랑스령 기아나 동북부의 13킬로미터 떨어진 곳에 위치하고 있다.

제일 처음 이 곳에 온 죄인들은 문둥병자였다. 그들은 여생을 이렇게 혹독한 더위와 밀림이 빽빽하게 들어선 작은 섬에서 보내야 했다. 1895년에는 건강한 죄인도 대량으로 이 섬에 오게 되었다. 그들은 화물칸의 철장 안에 집어 넣어진 채 악마의 섬에 도착했다. 이곳의 음식물은 간신히 입에 풀칠을 할 수 있을 정도로만 주어졌다. 죄인들은 나무 울타리 안에 갇혀서 생활했고 지휘관과 그 부하는 정부

문명의 햇불

시베리아로 가는 길

차르 시대에는 대량의 정치범이 시베리아로 유배당했다.

에서 건축한 쾌적한 집에서 지냈다. 섬의 다른 지역은 밀림이 빼곡했고 면적은 약 26제곱미터였다.

악마의 섬은 사면이 바다로 둘러싸여 있었고 물속에서는 헤엄치는 대형 상어를 종종 볼 수 있었다. 이렇게 황망한 지대의 곳곳에는 질병이 유행했고 주야를 가리지 않고 계속되는 고된 노동으로 무려 90퍼센트의 사람들이 형기를 다 마치기도 전에 급병을 얻어 사망했다. 이곳에서 죄인은 도망칠 기회가 거의 없었다. 더욱 비참한 것은 일단 도망에 실패하면 그 죄인은 더욱 가혹한 형벌을 받게 된다는 사실이었다. 일반적인 상황에서 관리인은 도망자를 무서운 '세인트 조세프Saint Joseph 감방'에 가두었다. 이 감방은 잔혹하다는 이유로 '피가 흐르지 않는 단두대'라고 불렸다.

운이 좋은 탈주범

프랑스의 의사 피에르Pierre는 환자에게 해를 입힌 죄로 고발당해 악마의 섬에 수감되는 종신형을 선고받았다. 그리하여 그는 수감자를 실어 나르는 배에 타게 되었다. 그 배에는 모두 600명의 죄수가 타고 있었고 도주를 방지하기 위해 그들은 모두 수갑과 족쇄를 차고 있었다. 죄수를 실어 나르는 배는 여정 중에 질병이 만연하는 상황을 맞이하게 되었다. 배에는 의약품이나 의료 설비가 전혀 마련되어 있지 않았기 때문에 의술이 뛰어난 피에르도 속수무책으로 배 안의 사람들이 하나하나 죽어나가는 상황을 그저 눈 뜨고 지켜볼 수밖에 없었다.

결국 다행히 목숨을 건진 사람들은 황량하고 인적이 없는 악마의 섬에 도착하게 되었다. 공교롭게도 마침 여기에서 근

러시아 최후의 차르는 시베리아에 유배된 후 총살당했다.

무하던 전임 의사가 퇴직을 해 유럽으로 돌아간 뒤였기 때문에 간수는 피에르에게 수감지의 의사 역할을 담당하게 했다. 3년 동안 그는 어떠한 의료 설비나 약품이 갖추어지지 않은 상황에서 스스로 치료하고 죽음에 처한 사람을 구하며 부상자를 돌보아 많은 인명을 구해냈다. 때문에 그는 수감자들의 존경을 받는 의사가 되었다.

악마의 섬에 수감된 3년 동안 피에르는 프랑스 정부에 편지를 써서 자신의 무죄를 공언하고 그의 안건을 다시 심리해 줄 것을 요청했다. 그러나 그의 편지에 대한 답은 감감무소식이었다. 3년이 지나고 그는 자신의 편지가 아무런 소용이 없었음을 깨닫게 되었다. 그래서 그는 몇 명의 죄수가 배를 몰고 탈출할 것이라는 사실을 알고는 위험을 무릅쓰고 자신도 도주범의 대열에 합류하기로 결정했다. 그

들은 모래사장에 충돌한 작은 망가진 배를 찾아내 감금지의 간수의 눈을 피해 몰래 배를 수리하고 식량과 물을 준비했다.

달빛도 비추지 않는 어느 날 밤에 8명의 도주범은 몰래 작은 방을 나와 밀림을 뚫고 배를 몰기 시작했다. 그들은 서북쪽 방향의 카르피해 군도를 향해 배를 저었다. 그곳에서 프랑스의 죄인 인도를 허가하지 않는 나라를 찾아 눌러앉을 생각이었다. 그들은 망망대해에서 23일간 항해하는 동안 세 차례의 허리케인을 만났고 작은 배는 파도가 쳐서 만신창이가 되었다. 돛대와 돛, 노는 전부 부서졌고 도주범 세 사람이 불행히도 목숨을 잃었으며 비축해 놓았던 물품은 전부 바람에 날아갔다. 그들이 목숨을 부지할 방법은 오로지 배 밑에서 퍼내는 빗물뿐이었다. 남은 다섯 사람이 살아서 베네수엘라의 어느 섬에 도착한 것은 정말로 기적이었다. 물론 그날 밤에 바다를 되돌아간 네 명의 탈주범의 행방은 아무도 알 수 없었다.

프랑스 정부는 피에르가 베네수엘라의 어느 섬에 체재하고 있다는 사실을 알고 난 후 정식으로 그들에게 인도 요청을 했다. 일반적인 상황이라면 베네수엘라 정부는 모든 도주범을 악마의 섬으로 회부해야 했지만 베네수엘라 정부는 그렇게 하지 않았다. 이는 베네수엘라 정부가 처음으로 프랑스 정부의 요구를 거절한 사례였다. 베네수엘라 정부는 프랑스 정부에 보내는 서신에 다음과 같이 썼다. "파리아Paria 반도의 주민들은 피에르 선생을 신임하고 존경하고 있다. 그들은 그를 성인으로 여기고 있다. 그렇기 때문에 베네수엘라 정부는 그가 반드시 이곳에 남아야 한다고 생각한다."

그렇게 해서 피에르 선생은 베네수엘라에 남게 되었고 파리아 반도에서 1962년 세상을 떠날 때까지 의료 활동을 펼쳤다.

드레퓌스 사건

1895년 1월 13일에 프랑스 군대는 프랑스 군사학교에서 거행된 의식에서 유대인의 후예로 실습 군관이자 개신교 신자인 드레퓌스Alfred Dreyfus 장교의 군직을 제명했다. 그해 4월에 드레퓌스는 악마의 섬에 가서 복역을 하게 되었다.

드레퓌스 사건이 발생한 주요 원인은 프랑스에 존재하던 반유대주의 풍조에 기인한다.

사건은 1894년 9월 26일에 발생했다. 프랑스 정보국의 사람에게 파리 주재 독일 대사관으로부터 프랑스의 육군 참모본부의 국방기밀정보 목록이 적혀있는 발신자 불명의 편지가 보내졌다. 육군 참모본부는 드레퓌스를 의심했고 결국 10월 15일에 군사 법정은 간첩죄와 반역죄로 드레퓌스를 체포했다.

그러나 드레퓌스가 체포된 후에도 프랑스의 중요한 군사정보는 여전히 누설되었고 군대 내부에서 사실 여부에 대한 논란이 일어나면서 다시금 사건을 조사하게 되었다. 1896년 3월에 정보국은 문제의 편지가 프랑스 군관 페르디낭 에스테라지Ferdinand Esterhazy 소령이 보낸 것이라는 증거를 확보했다.

프랑스 군대의 반 간첩부 부장 조르주 피카르Georges Picard는 후에 에스테라지의 파일을 찾아보다가 그가 전에 참모본부의 일을 하고자 신청했다는 사실을 알게

드레퓌스 사건이 발생하자 프랑스 사회 전체에서 대토론이 벌어졌다. 많은 공정한 인사는 용감하게 나서서 드레퓌스의 변호를 외쳤다.

되었고, 그의 필적과 드레퓌스 사건의 편지 필적이 일치하는 것을 발견했다. 피카르는 군대에서도 개신교를 믿는 소수의 군관 중 하나였고 정직한 사람이었다. 그는 즉시 이러한 발견을 부 참모총장에게 보고했고 군대에서 이 안건을 다시 심의해주기를 정중하게 독촉했다.

1896년 11월 14일에 피카르는 참모본부에서 쫓겨나 튀니지의 국경에서 아랍인들과 전쟁에 투입되었다. 1897년 4월 2일에 그는 튀니지에서 공화국의 대통령에게 편지 한 통을 보냈는데 그는 편지봉투에 주석을 달았다. "만약 제가 세상을 떠나면 공화국의 대통령에게 전해주십시오. 이 내용은 반드시 그가 알아야 합니다." 파리에 돌아와 휴가를 보내는 틈을 타서 그는 편지를 친한 친구인 변호사에게 부탁했다.

1898년 1월 10일, 군사 법정은 에스테라지의 고발에 대한 심리를 열었다. 법관과 배심원들은 상부의 취지를 근거로 에스테라지의 무죄를 선고했다.

이에 프랑스 전체가 진노했다. 1월 13일, 용감하게 진리와 정의의 신장을 고수하던 저명한 작가 에밀 졸라Emile Zola는 직접 나서서 신문에 정부를 규탄하는 문장을 발표했다. 2월에 군 측은 에밀 졸라를 중상모략으로 기소했고 그는 1년간의 징역과 벌금 3,000프랑을 선고받았다.

1906년 7월 12일에 최고 법원은 전체 사건을 재심의해 원래의 판결을 파기하고 드레퓌스의 무죄를 선고했다. 의회는 드레퓌스와 피카르가 군대에서 명예를 회복하는 것에 대한 정부의 안건을 통과시켰다. 드레퓌스는 복직되었으며 게다가 상교上校로 승진했다. 이 사건에 연루되었던 피카르도 준장准将으로 승진했으며 발데크 루소Waldeck Rousseau 내각에서 육군 부장을 맡게 되었다.

드레퓌스 사건은 12년 동안이나 엎치락뒤치락한 사건이었다. 당시 프랑스는 정부, 군대, 교회, 매체, 정당, 단체, 가정을 포함해 거의 모든 프랑스 국민이 재심을 찬성하는 파와 재심을 반대하는 두 갈래로 나뉘었다. 투쟁은 대단히 격렬했다. 가까운 친구 사이라도 이 사건의 쟁론으로 서로 반목했으며 어느 부부는 사건에 대한 의견 차이로 이혼을 했다. 가족이나 친한 친구끼리 모여도 이 사건이 화제로 떠오르면 얼굴이 빨개질 때까지 논쟁을 벌였으며 심지어는 맞붙어 싸우기도 했다. 드레퓌스 사건으로 인한 소란은 해결될 기미가 보이지 않았다. 이로 인해 프랑스 전체는 심각한 사회와 정치적 위기에 빠졌다.

1938년에 악마의 섬으로 유배되는 제도는 결국 폐지되었다.

제5장

육형肉刑

육형이란 근육과 피부에 상해를 가하거나 신체 기능에 손상을 주어 불구로 만드는 것을 목적으로 하는 형벌 방식이다. 비록 이러한 잔혹한 형벌은 현재는 매우 보기 드문 형벌이 되었지만 유구한 역사 속에서 육형은 보편적이고 오랜 기간 집행된 형벌의 종류 중 하나였다. 어떠한 의미에서 육형은 가장 주요한 형벌이라고도 할 수 있었다.

줄로 묶고 매다는 형벌

이 가혹한 형벌은 주로 줄로 묶거나 매다는 등의 방법을 통해 피해자의 사지를
비정상적인 상태로 만드는 것이었다. 관절을 당기거나 인대와 관절을 반대 방향으
로 꺾어서 피해자에게 고통을 주었다.

줄로 묶는 형벌

줄로 묶는 형벌은 가장 흔하게 볼 수 있었던 방법이었다. 통상적으
로 피해자의 동작에 제한을 주는 동시에 구금을 하거나 다른 가혹한 형벌을 주기
위한 전제 조건이었다. 가장 흔한 것은 목을 조르는 방식과 어깨를 매다는 방식
이었다. 어깨를 매다는 방식은 비교적 고통이 덜했으나 주로 형을 집행하는 사람
이 편하게 움직이고 다른 가혹한 형벌을 시행하는데 유리하게 하기 위해서였다.(피
해자는 가슴 부분이 완전히 드러났다.) 주로 밧줄로 양 팔의 근육을 묶어 고통을 주었다.
목을 조르는 방식은 어깨를 매다는 방식과 마찬가지의 효과를 얻을 수 있을 뿐만
아니라 몸체를 묶어서 피해자의 사지에 고통을 주었다. 양 팔을 몸 뒤에서 아래로

향하게 교차하도록 묶으면
팔꿈치 관절은 강제로 반대
방향으로 비틀어진다. 목과
연결된 밧줄을 통해 피해
자는 팔꿈치 관절에 고통을
느끼게 되고 그러면 팔은
자연히 아래로 힘이 들어가
게 되는데 이렇게 되면 이번
에는 반대로 목에 묶인 부
분의 힘이 가중된다. 목에

중세 시대에 종교 법정의 재판은 보편적으로 엄격한 형벌을 야기했다.

가해지는 고통을 줄이기 위해서는 팔꿈치 관절이 비틀어지는 고통을 참을 수밖
에 없었다. 줄로 탄탄하게 묶어서 인체에 고통을 주었고 특히 여성은 유방과 음부
에 고통을 받았다. 그러나 이러한 줄로 묶는 고통의 정도에는 한계가 있었다. 대
다수의 피해자는 어느 정도의 고통을 참을 수 있었기 때문에 피해자를 굴복시키
기 위해서는 비교적 긴 시간이 필요했다. 그렇기 때문에 실제로 고문 중에 단순히
줄로 묶어서 고통을 가하는 방법은 보기 드물었다.

매다는 형벌

이는 가장 상용되던 고문 방법으로 피해자의 두 팔을 위로 가게 한
다음 매달아서 신체의 무게(집행자가 무게를 더하는 것을 포함)가 팔을 밑으로 당기게
해 극심한 고통을 주는 방법이다. 이와 동시에 흉강은 당기는 힘 때문에 변형되고

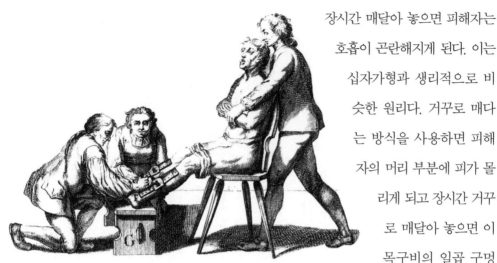

어떤 의미에서 가혹한 형벌은 일종의 예술이자 가장 야만적이고 천재적인 구상이었다.

장시간 매달아 놓으면 피해자는 호흡이 곤란해지게 된다. 이는 십자가형과 생리적으로 비슷한 원리다. 거꾸로 매다는 방식을 사용하면 피해자의 머리 부분에 피가 몰리게 되고 장시간 거꾸로 매달아 놓으면 이 목구비의 일곱 구멍에서 피가 흐르는 상황이 발생한다. 당기는 고통을 가중시키기 위해 피해자의 양 엄지손가락이나 엄지발가락(거꾸로 매다는 경우)만 묶어 매달면 다른 손가락이나 발가락의 관절은 신체의 무게를 이겨내지 못하고 완전히 절단된다.

중국은 과거에 특수한 형식의 매다는 형벌을 사용했는데 이는 피해자를 발끝이 간신히 닿을만한 높이에 묶어서 피해자가 팔이나 엄지손가락의 힘만으로는 견딜 수 없어 발가락 끝으로 신체를 지탱하게 하는 방식이었다. 물론 발가락 끝이 바닥에 간신히 닿는 상황에서는 무게를 지탱할 수는 없으므로 피해자가 극심한 고통을 받게 되는 중국 고유의 고문 방법이다. 이렇게 사람을 매다는 또 하나의 방법은 소위 말하는 '원숭이가 말뚝을 끌어안는' 방법이다. 이는 비교적 드문 방식으로 피해자의 양 손(혹은 엄지손가락만)을 앞에서 묶은 다음 그 사이로 굽힌 무릎을 억지로 끼워 넣는 것이었다. 무릎이 굽어진 부분에는 막대기를 하나 집어넣고 막대기의 양 끝을 밧줄로 묶는다.(혹은 막대기를 일정한 높이의 다른 기구 위에 박는다.) 이때 피해자의 둔부와 음부 및 발바닥이 움푹 들어간 부분이 완전히 드러나게 되므로 집행자가 다른 고문 수단을 쓰기에 알맞았다. 이러한 상태에서 피해자의 팔뚝(엄지손가락), 무릎 관절, 허리, 목은 신체 각 부분의 중량을 받아 눌리고 뒤틀리며 당겨져서 극심한 고통을 느끼게 된다. 매다는 형벌의 생리적인 고통은 서양의 사지를 당기는 형벌과 비슷하다. 사지를 당기는 형벌은 주로 형구를 이용해 피해자의 사지의 관절을 잡아당겨 빠지게 만드는 형벌인데 이는 중국에서는 보기 드물었다.

고문용 의자

관절을 반대로 꺾는 형벌 중 가장 유명한 것은 고문용 의자이다. 이 명칭 자체는 중국에서 땄지만 그렇다고 해서 이 형벌이 중국에만 있었던 것은 아니었다. 무릎 관절은 인체의 사지 관절 중 활동 범위가 가장 작은 관절로 양쪽 허벅지와 종아리의 길이는 집행자가 지렛대의 원리를 이용하기 유리했고 비교적 적은 힘으로도 피해자에게 큰 고통을 줄 수 있었다. 고문용 의자에서 관절을 꺾기 위해서는 우선 피해자가 앉은 자세를 취하도록 만들어야 했다.(양 팔은 뒤로 묶이거나 십자 형태로 묶였다.) 이는 다리 부분 인대에 당겨지는 힘을 가중시켰다. 반면 반듯하게 눕는 자세는 허리 및 엉덩이의 관절을 이완시키고 이와 연결된 다리 부분의 인대도 이완시켜 고통의 강도를 감소시켰다. 고문용 의자의 또 다른 중요한 점은 다리 부분을 묶을 때 무릎 위의 대퇴부를 묶을 뿐 그 이하의 부위는 묶지 않는다는 점이다. 왜냐하면 고문용 의자의 역할은 단지 피해자의 다리 부분 관절 인대를 당기고 무릎 관절이 탈구되도록 하는 것이지 종아리뼈를 절단하는 것이 아니었기

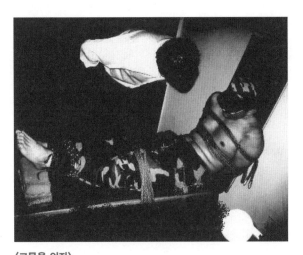

〈고문용 의자〉
이러한 말은 비록 중국적인 특색이 농후하지만 그렇다고 해서 절대 중국 고유의 도구는 아니었다. 적어도 21세기의 관타나모Guantanamo 감옥에서 우리는 미국인의 잔인한 면모를 엿볼 수 있다.

때문이다. 종아리뼈를 절단하기 위해서는 매우 큰 힘이 필요했고 고통을 느끼는 시간이 짧아서(피해자는 빠르게 의식을 잃었다.) 고문 목적으로는 적합하지 않았다. 고문용 의자에 앉혀진 피해자는 대부분 맨발이었는데 이는 발의 움푹한 부분에도 고문을 가하기 위해서였다.

사료에 기재된 바에 따르면 피해자가 고문용 의자에 앉아 있을 때 일반적으로 밑에 벽돌 세 장을 깔면 땀을 뚝뚝 흘리게 되고 다섯 장을 깔면 무릎 관절이 완전히 탈구되며 기절을 하게 된다고 한다. 집행자는 통상 벽돌을 한 장씩 더할 때마다 잠시 쉬는 시간을 가져서 피해자의 고통을 일정한 시간 지속되게 한 후 다시 고문의 정도를 가중시켰다. 고문용 의자를 사용하다가 피해자의 허벅지 뼈가 부러지는 상황이 발생할 수 있는데 이는 집행자가 고문의 강도를 조절하지 못했거나(너무 조급해하거나 분노했을 경우) 다리 부분을 묶은 위치가 너무 높은 경우, 혹은 이완 정도가 맞지 않는 등의 요인과 관계가 있었다. 밧줄은 단지 피해자의 다리 부분을 움직이지 못하게 하기 위한 것이었기 때문에 팽팽하게 묶는다고 좋은 것만은 아니었다.

팔로 매다는 형벌과 비행기태우기 관절을 꺾는 다른 고문 방식으로는 팔로 매다는 형벌이 있는데 이는 피해자의 두 팔을 뒤로 묶어(혹은 양 손 엄지손가락을 뒤로 묶어) 매다는 방식으로 매달린 사람 본인의 체중에 의해 어깨 관절이 탈구되는 것

칼과 족쇄를 하고 있는 시짱西藏의 농노들

이다. 어깨 관절은 사람의 사지 관절 중에서도 활동 범위가 가장 넓고 가장 탈구되기 쉬운 관절이다. 때문에 이러한 형벌은 짧은 시간에 피해자에게 큰 고통을 줄수 있었다. 비행기태우기라는 방법은 팔로 매다는 형벌과 비슷한 원리로 피해자의 사지를 동시에 뒤로 묶어 매다는 방식이었다.

그 밖에 묶거나 매다는 형식의 고문에는 피해자의 반신만 매다는 고문, 한쪽 팔과 한쪽 다리를 묶어서 매다는 고문 등이 있었는데 이는 모두 위에서 말한 매다는 형식의 고문에 속하는 변종 형태였다.

태형(笞刑)

태형은 언제 어디서나 볼 수 있는 일반적인 형태의 형벌이었다. 유대인, 이집트인, 시리아인, 페르시아인, 스파르타인, 로마인 모두 이 형벌을 사용했다.

태형은 통상적으로 다른 형벌에 추가되는 형벌이었다. 정확히 말하자면 태형은 행실이 바르지 못한 처녀, 명령을 어긴 사병, 범죄를 저지른 성직자, 교적의 회복을 시도한 이단자의 징벌에 사용되었다. 그러나 태형은 일종의 고문이었으며 죄인을 죽음에 이르게 하기도 했다.

로마에서 태형은 다른 형벌이 집행되기 전에 집행되었다. 사람들은 소가죽으로 만든 채찍이나 스페인의 것과 같이 새끼줄을 꼬아 만든 채찍의 고통 정도는 견딜수 있었다. 그렇지만 쇠구슬이 달려 있거나 양의 뼈로 만든 채찍에는 많은 사람이 목숨을 잃었다. 사람들은 피부가 찢기고 터져서 피와 살이 떡이 될 때까지 채찍질을 당했다. 잠시도 쉬지 않고 계속되는 채찍질로 결국에는 살과 뼈가 분리되는 지경에 이르기도 했다.

중동과 아시아에서 사용된 채찍은 여러 마디로 이루어진 것으로 위에는 철침이나 못, 심지어는 갈고리를 박아 살을 가르기 좋게 만들었다.

혼외 관계를 가진 이유로 사진 속의 이란사람은 많은 사람이 주시하는 가운데 태형을 받았다.

대대로 바다를 생계로 살아온 영국인들은 밧줄로 만든 채찍을 선호했다. 그리고 채찍질을 마친 후에는 피와 살이 뒤엉킨 죄인을 바닷물이나 초醋에 빠뜨렸다.

종교 전쟁에서도 태형은 중요한 역할을 했다. 수많은 예가 있지만 그중에서 프랑스의 베지에서 집행된 경우를 살펴보자. 성 도미니크가 대량 학살 명령을 내린 후 젊고 아름답다는 이유로 술 취한 사병들이 관용을 베풀어 살려준 여자들은 또 다른 무서운 형벌을 맞이해야 했다. 모리스Morris라는 사람은 다음과 같이 묘사했다. "젊은 여자들은 실오라기 하나 걸치지 않은 채로 피에르 드 카스티니오의 무덤 앞으로 끌려갔고 수도사들은 초를 쏟아 부은 채찍으로 그녀들을 후려쳤다. 몸 전체에 선혈이 낭자한데도 아직 숨이 붙어 있는 사람은 십자군이 잔인하게 학

공포정치로 이반 뇌제雷帝라는 별칭을 갖고 있는 이반 4세Ivan IV는 공연히 그러한 별칭이 붙은 것이 아니었다. 그는 자신의 친아들인 황태자 이반을 채찍으로 때려 죽음에 이르게 했고 본인이 직접 때리기도 했다.

살했고 시체는 극단적이고 저속한 방법으로 능욕 당했다."

그러나 가장 무서운 채찍은 러시아 사람들이 사용한 채찍으로 이는 단지 40~50대 채찍질을 한 것만으로도 사람을 죽음에 이르게 했다. 이 채찍은 가죽 끈으로 만들어졌고 끝 부분에는 금속으로 된 구슬이 달려있었다. 이러한 태형은 1845년에 이르러서야 러시아의 관방에 의해 폐지되었고 일반적인 채찍으로 대체되어 1863년까지 사용되었다. 그러나 앞서 말한 채찍이 무수히 많은 사람의 생명을 앗아간 후였다. 제정 러시아의 귀족들은 그들의 농부가 조금이라도 잘못을 저지르면 이러한 형식의 형벌을 사용했다. 저는 직장에서 실시간으로 본 적 있어요.

어떠한 지방에서는 단지 대퇴부만을 채찍질하기도 했으나 전반적으로는 죄인의 온몸에 채찍질을 가하는 형벌이 주로 사용되었고 이러한 형벌은 결국에는 피해자를 사람 모습을 한 넝마로 만들었다.

한 수녀는 20세기 중엽에 태형을 당한 도적을 어떻게 치료했는지 이야기했다. "상처는 정말 놀라울 정도였습니다. 허벅지 밑 부분의 뼈가 다 드러날 정도였지요. 너무 심하게 곪아서 상처를 싸맨 부분에는 오물이 많이 묻었고 개미떼가 위에 들러붙어 있었습니다."

장형(杖刑)

옛날부터 전해 내려온 장형은 굵은 막대기나 대나무 판으로 피해자의 둔부를 구타하는 것이다. 이러한 장형은 채찍으로 때리는 것과 마찬가지로 상해를 입히는 것과 동시에 직접적으로 피해자의 피하 근육 조직을 손상시켜 채찍으로 때릴 때보다 더욱 심각한 피하 출혈과 부종을 조성했고 심지어 불구가 되게 만들었다. 만약 고문의 강도가 너무 강하고 시간이 긴데다 고문 부위가 확실하지 않으면 콩 팥에 손상을 입는 상황이 발생하게 된다. 총체적으로 봤을 때 이렇게 단단한 기 구로 구타하는 가혹한 형벌은 집행자가 비교적 큰 힘을 쓰게 만들기 때문에 고문 에 많이 사용되지는 않았다. 장형은 주로 피해자의 존엄성을 빼앗고 징계를 나타 내는 용도로 사용되었다. 옛날 중국에서는 이러한 형벌을 사용할 때 주로 주리를 이용했다. 주리는 두 개의 굵은 막대기를 피해자의 종아리 밑의 복사뼈와 가까운 부분에 끼우고 밧줄로 단단히 조이는 것이다. 이 부위의 피부는 매우 얇아서 강 도가 직접적으로 뼈에 작용했고 심할 때는 뼈가 부러졌으며 복사뼈가 조각이 날 때도 있었다. 이러한 형벌은 전용 형구를 필요로 하기 때문에 후대의 고문에서는 오금에 막대를 끼어 쇠사슬 위에 무릎을 꿇리고 무거운 물건을 올려놓아 압력을

가하는 형식이 보편적으로 사
용되었다.

피해자가 무릎을 꿇게 한 다
음 무거운 물건을 올려놓아 압
력을 가하는 고문을 할 때는
통상적으로 피해자를 십자가
형태의 막대기에 무릎을 꿇은
자세로 묶었다. 혹은 두 명의
집행자가 양 옆에서 잡은 다음
상반신을 똑바로 펴게 해 무릎
을 꿇도록 했다. 그런 다음 굵
은 나무를 사용해 피해자의

위와 같은 고문은 통상적으로 피해자를 십자가 형태의 막대기에 무릎을 꿇은 자세로
묶거나 두 명의 집행자가 양옆에서 잡은 다음 상반신을 똑바로 펴게 해 무릎을 꿇도록
했다. 그런 다음 굵은 나무를 사용해 피해자의 종아리를 누르게 하고 두 명의 집행자는
힘을 주어 나무 막대기의 양 끝을 밟거나 막대기의 한쪽 끝 부분을 밧줄로 묶어 고정시
키고 한 명의 집행자가 힘을 주어 다른 한쪽을 밟았다.

종아리를 누르고 두 명의 집행자는 힘을 주어 나무 막대기의 양 끝을 밟거나 막
대기의 한쪽 끝 부분을 밧줄로 묶어 고정시키고 한 명의 집행자가 힘을 주어 다
른 한쪽을 밟았다. 강도가 세지면 피해자의 종아리 근육은 파열되고 무릎에 상처
를 입었다. 이러한 형벌과 비슷한 방식으로 쇠사슬이나 깨진 기왓조각, 깨진 유리
위에 죄인을 무릎 꿇게 하는 방식이 있었는데 이는 모두 피해자의 무릎 부분에
손상을 주었다. 더욱 잔혹한 방법은 쇠못이 붙은 특제 쇠사슬을 사용한 방식으
로 이는 피해자의 무릎 인대를 뚫고 들어가 심각한 장애를 초래했다.

또 다른 방식은 골관절을 때리는 형벌인데 이는 굵은 쇠막대기를 사용해 힘을
주어 피해자의 팔이나 복사뼈를 치는 방법이다. 이와 마찬가지로 상용되었던 방
법으로는 피해자의 손가락이나 발가락 등 감각이 민감한 사지의 말단 부분을 때

중국 청나라 때의 장형. 일반적으로 등을 때렸기 때문에 척장脊杖이라고도 불렀다.

리는 방법이 있었다. 이러한 부위의 피부는 얇아서 두드리는 강도가 직접적으로 뼈에 전달되었고 고문의 강도를 조절하기 용이하며 피해자가 의식을 잃기 어렵게 만들었다. 고문의 강도가 강해질 때는 피해자의 뼈가 파열되거나 골절되는 등 심각한 결과를 초래했다.

이러한 가혹한 형벌은 대부분 집행자가 비교적 큰 힘을 들여야 했기 때문에 집행자가 힘이 들어 일단 강도가 약해지면 피해자의 고통도 경감되었다. 그래서 다른 종류의 형벌이 보편적으로 사용되었다.

위에 열거한 방법과는 다른 형식이지만 피해자의 근육을 피로하게 만드는 형벌이 있었는데 이는 통상적으로 비교적 긴 시간을 들여야 피해자가 극도의 고통을 느끼는 효과를 낼 수 있었다. 이러한 방식의 일환으로 옛날 중국에서는 머리만 내놓을 수 있는 바구니를 이용해 피해자가 바구니 안에서 장시간 기립 자세를 유지하도록 하는 고문을 사용했다. 피해자는 일반적으로 2, 3일 동안 그러한 상태로 방치되었다. 바구니의 윗부분은 칼(목에 차는 형구-역주)로 되어 있어서 피해자의 목을 끼울 수 있었다. 바구니 전체의 길이는 사람의 키보다 높아서 피해자는 몇 장의 벽돌 위에 서 있어야 했다. 집행자는 강도 조절이 필요하다고 생각되면 벽돌의 수를 늘리거나 줄였고 일반적으로 피해자가 발끝으로 설 수 있을 만큼의 높이를 유지했다. 만약 벽돌이 전부 제거되면 피해자의 발은 허공에 뜨게 되고 전신의 체중이 칼을 끼운 목 부위에 쏠리는데 이때 집행자는 고문의 강도를 더욱 가중시키기 위해 피해자의 다리에 모래주머니 등 무거운 물건을 매달았다. 심한 경우에는 피해자의 목 부분에 끼워진 칼 때문에 질식으로 사망하기도 했다.

수형(水刑)

수형은 비록 중세 시대에 출현하기는 했지만 후에 미국에서 발전시킨 형벌이다. 미국은 장구한 수형의 역사를 가지고 있고 잔혹하기로 악명이 높았다. 그 잔혹함은 보통 사람의 상상력을 초월했다.

일찍이 미국에서는 수형을 사용할 때 여러 명의 뚱뚱하고 건장한 체구의 사내들이 피해자의 머리를 잡아 저수지로 끌고 가 힘을 주어 피해자의 머리를 물속으로 집어넣었다.

고문이 막 시작되었을 때 피해자는 필사적으로 머리를 수면 위로 올리기 위해 발버둥 친다. 그러나 몇 명의 건장한 사내들이 피해자의 머리를 꼭 붙잡고 피해자의 머리를 계속해서 물속으로 집어넣었다.

보통 사람은 있는 힘을 다해 발버둥 쳤기 때

수형은 2차 세계대전 시기에 일본의 전쟁 포로 경비대가 가장 선호하던 형벌이었다. 만약 피해자가 처음으로 고문을 받는 것이라면 반드시 철망과 헝겊을 사용해 그 입을 틀어막았다. 이어서 경비대는 호스를 피해자의 콧속에 집어넣고 물을 주입해 복부를 팽창시켰다. 물이 다 들어가고 나면 경비대는 피해자의 복부를 발로 세게 차서 그의 위를 파열시켜 사망하게 만들었다.

문에 50초에서 1분 정도 경과하면 체내의 혈액 산소 소모량이 급격히 빨라지게 된다. 바로 이때 인체의 조건 반사로 신경 중추는 피해자가 입을 벌려 크게 호흡하도록 조절하는데 이로 말미암아 대량의 물이 위나 폐, 기관 및 기관지로 들어가게 된다.

이렇게 위나 폐 및 기관지로 흘러들어간 물은 피해자가 물속에서 구토하고 기침하도록 자극한다. 이때 위와 폐 및 기관지에 들어있는 물은 인체에 극도로 견디기 힘든 자극을 가하기 때문에 피해자는

《잔혹하게 죄수를 대한다는 미국의 스캔들이 폭로된 후 미국 잡지에 실린 풍자만화》
그림 속에 사용된 고문 방식이 바로 수형이다.

갑자기 두 팔로 마구 물을 헤치고 두 다리를 허우적거리게 된다. 그러나 건장한 사내들이 계속해서 피해자의 머리를 물속으로 밀어 넣고 있으므로 피해자는 견디기 힘든 고통을 경험하게 된다.

대략 2, 3분이 지나면 피해자는 기본적으로 의식을 잃는다. 그러나 피해자의 중

《라이프Life》지에 실린 미국의 수형. 1902년 출판

추 신경은 여전히 작용을 하며 주인을 보호하고자 한다. 그래서 피해자는 비록
의식을 잃은 상태이지만 육체적인 고통은 더욱 심해진다.

　피해자의 폐와 기관 및 기관지에서는 대량의 끈적끈적한 분비물이 나오는데 이
것은 바로 농도가 짙은 콧물이다. 피해자는 소변을 실금하기 시작하고 어떤 사람

은 대변이 배출되기도 한다.

이때 피해자는 최후의 경련성 저항을 하게 되는데 전신에 경련이 일어나고 양팔과 다리는 있는 힘껏 발버둥 치게 된다. 또한 방귀를 뀌고 피해자의 눈과 콧구멍 및 입에서 피가 흘러나오기도 한다.

들리는 바에 의하면 미국의 수형 집행 빈도는 비교적 높은 편이라고 한다. 미국에서 수형을 당한 사람은 대략 80퍼센트가 수형에 굴복하는데 고문을 가하는 입장에서는 소기의 목적을 달성했다 볼 수 있다.

나머지 20퍼센트의 피해자는 수형을 당하면서 고통에 시달리다가 죽음을 맞이한 사람들이다. 피해자의 사망률을 감소시키기 위해 미국인은 수형을 기술적으로 개선시켜 피해자의 고통을 더욱 증가시키는 한편 피해자의 사망률을 감소시켰다. 예를 들어 냉수를 사용해 체내의 산소 소모를 줄여 피해자가 고통을 받는 시간을 더욱 연장시켰다. 게다가 수형에 사용되는 물에 고춧가루를 넣어 피해자의 폐와 기관지에 더욱 큰 자극을 가했고 수형을 시행할 때 피해자의 얼굴을 위로 향하게 하여 물속으로 집어넣었다.

지금까지 수형은 여전히 미국의 국가 기밀로 남아있고 상세한 정황을 아는 사람은 많지 않다. 100년이 넘는 기간 동안 운 나쁘게 미국의 수형을 경험한 사람이 도대체 얼마나 될지 일반 사람들은 여전히 알지 못한다.

제6장

감옥

감금은 서양에서 매우 보기 드문 형벌이었다. 중세 시대의 유치장은 단지 처형을 기다리는 죄수들을 수용하는 상자에 불과했다. 최초의 유치장은 요새에 설치된 감옥 혹은 공공 건축물의 지하실에 임시로 설치한 작은 방이었다. 12세기 이후, 성의 건축가들은 이러한 개인 감방을 성탑과 지하 감옥으로 발전시켰다. 전형적인 개인 감방은 천장이 낮고 등이 없으며 통풍구와 화장실로 쓰이는 구멍만 있는 방이었다. 어쩌다가 볏짚이 깔려 있는 것 외에 별다른 물건은 없었다.

교회에서는 육형이나 사형을 대신해 감금을 사용하기 시작했고 이것이 감옥의 효시가 되었다. 이는 본래 잘못을 범한 목사를 은거시킴으로써 그들을 징계하는 용도였다. 여기서 은거란 수도원 안의 독방에 감금하는 형식을 말한다. 교회는 고독과 고행이 죄를 깨닫고 뉘우치며 정신을 회복시키는데 도움이 된다고 믿었다.

런던 타워

윌리엄 셰익스피어^{William Shakespeare}가 묘사한 동명의 인물 역사극 《헨리 6세》에서는 스코틀랜드 국왕이 에드워드 4세^{Edward IV}와의 왕위 찬탈을 위한 싸움에서 두 번 체포된다. 그를 체포한 후 에드워드 4세는 명령한다. "그를 잡아 런던 타워로 보내라."

런던 타워로 보내라고? 런던 타워가 도대체 어떤 곳이기에? 엘리자베스 시대의 관중은 모두 이 대사의 의미를 알고 있었을까?

런던 타워는 영국의 상징인 템스 강가에 위치하고 있다.

왕궁에서 감옥으로

런던 타워는 영국 황실가의 요새로 12에이커의 면적을 차지하고 있는 여러 건물들을 통틀어 일컫는 말이다. 런던 타워는 템스 강의 북쪽 강가와 런던 시티로 유명한 고대 영국 행정구의 동쪽에 자리 잡고 있다. 1066년 정복자 윌리엄 1세Willam I가 성탄절 대관식 직후 건축하기 시작했는데 이는 상업 지구를 통제하고 템스 강의 런던 브리지 일대 수역을 지키기 위해서였다. 당시에 수로는 여전히 런던의 주요 교통 대로로 쓰이고 있었고 그중에서도 13세기에 보수하기

헨리 6세는 정치에 그다지 흥미를 느끼지 않았으나 잉글랜드의 교육 사업에 지대한 공헌을 했다. 1440년에 헨리 6세는 이튼칼리지Eton collage와 케임브리지칼리지Cambridge collage를 설립했다.

시작한 수문은 사람들이 가장 자주 사용하는 곳이었다. 이 수문은 '반역자의 문Traitor's Gate'이라는 별명이 있었는데 이는 런던 타워가 오랫동안 국가의 감옥으로 쓰이면서 수많은 죄인이 수문을 통과해 타워 안으로 들어갔기 때문이다. 런던 타워에는 약 1,700명의 죄수가 수감되어 있었고 그중 많은 유명인들이 타워 안에서 모략으로 인한 죽음을 맞았다.

　헨리 6세Henry VI는 세속적이지 않고 고상한데다 마음이 너그러운 사람이었다. 그는 독실한 기독교 신자로서 요구되는 미덕을 갖췄고 종교 교육 사업에도 관심이 있었다. 청년 시절부터 헨리 6세는 항상 끝이 둥근 신발이나 장화를 신고 장포를 몸에 둘렀으며 머리에는 두건을 썼다. 또한 구두, 양말, 장화는 모두 검은색으로 통일했고

마거릿 왕비의 협력에도 불구하고 헨리 6세는 결국 돌이킬 수 없는 패배의 나락으로 떨어지고 말았다.

줄곧 새로운 스타일의 의복을 거부했다. 비록 큰 제전이 있는 날에는 풍속을 따라 왕관을 썼지만 그는 여전히 조잡한 털옷을 걸쳐 속죄를 표시하고자 했다. 그러나 그는 나라를 제대로 다스리지 못했고 제왕의 자질도 갖추지 못했다. 이러한 사실은 그의 비극적인 운명에 결정적인 영향을 끼쳤다.

헨리 6세는 나약하고 무능한데다 정신병을 앓고 있었다. 그리하여 1461년에 이르러서는 원래 그를 대신해 섭정을 하고 있던 요크York 공작의 후계자 에드워드 4세에게 왕위를 빼앗기고 만다. 결국 헨리 6세는 스코틀랜드로 도망치는 수밖에 없었다. 1464년 그는 다시 잉글랜드로 돌아와 랑카스터Lacaster 가문의 정치적 투쟁을 지지했으나 실패하고 말았다. 포로가 된 후 그는 반역을 꾀한 죄인들과 마찬가지로 런던 타워에 수감되었는데 역사학자들은 당시의 헨리 6세를 다음과 같이 묘사한다. "그는 그곳에서 독실한 기독교인처럼 인내하며 배고픔과 갈증, 조롱, 비웃음, 비판과 같은 수많은 고통을 묵묵히 견뎌냈다."

이후 에드워드 4세와 워릭Warwick 백작 간의 분쟁으로 헨리 6세는 1470년 10월에 다시 왕으로 복위하게 된다. 이때 에드워드 4세는 해외로 도망갔으나 머지않아 다시 돌아와 워릭 백작을 꺾고 살해했으며 이듬해에는 마거릿Margaret 왕후의 군대를 격퇴했다. 그 결과 헨리 6세는 다시금 런던 타워에 갇히게 되었다. 몇 주후, 왕정은 헨리 6세가 런던 타워 안에서 우울증으로 사망했다고 선포한다.

하지만 실제로 그는 5월 21일 11시에서 12시 사이에 사형에 처해졌다. 헨리 6세를 사형에 처한 이유는 그 이름이 대중에게 매우 큰 호소력이 있었고 앞으로 그를 명분으로 삼아 정치적 목적을 이루려 반란을 일으키는 사람이 생겨나지 않도록 하기 위해서였다.

윌리엄은 비록 전투력을 구비한 군인이었지만 냉혹한 통치자였다. 그가 통치한 지역에서 그를 좋아하는 사람은 매우 드물었다. 앵글로 색슨 연대사의 기록에 따르면 그는 모든 국민을 통한에 사무치게 하는 사람이었다.

첫 번째 죄수

아이러니하게도 런던 타워에 수감된 첫 번째 죄수는 바로 처음 런던 타워가 지어질 당시 건축을 주도하던 관원 중 한 명이었다.

그의 이름은 라널프 플람바드Ranulf Flambard로 정복자 윌리엄 1세의 동생 윌리엄 2세William II가 왕이 된 후 그의 총애를 받아 권력을 장악한 대신이자 왕가의 목사와 수석 고문을 역임했던 인물이었다. 플람바드는 국왕의 정책 집행으로 다방면에서 이익을 얻었는데 특히 왕실의 재무를 주관하면서 세수입을 늘이고 제후와 교회를 협박해 재물을 빼앗아 거액의 부를 쌓았다. 그는 국왕의 환심을 사 1099년에는 더럼Durham의 주교로 임명되었다.

런던 타워의 중심에 있으며 높이가 90피트에 달하는 최고의 건축물 화이트 타워White Tower가 건설될 때 그는 직접 건설에 참여했다. 그러나 달도 차면 기울듯 1100년에 국왕이 사냥을 하다가 누군가의 화살에 맞아 사망하게 된다. 이는 우연한 사고로 마무리되었지만 고의적인 암살로 보는 시각도 적잖아 있었는데 그도 그럴 것이 윌리엄 2세는 줄곧 민심을 얻지 못했던 것이다.

결국 국왕이 죽은 후 플람바드는 희생양이 되어 런던 타워에 제일 처음으로 갇힌 죄수가 되었다. 얼마 지나지 않아 플람바드는 탈옥할 방법을 강구했고 이에 성공해 노르망디로 도망간다. 그는 후에 다시 왕실의 신용을 얻어 교주의 직위를 회복했다.

블러디 타워Bloody Tower

헨리 8세Henry VIII의 잔학하고 도가 지나친 정치는 역대 군왕 중에서도 확실히 특출했다. 그는 제위에 오른 다음 날 헨리 7세의 주요 세관원 2명을 런던 타워에 가두었고 16개월 후 근거 없는 죄명을 만들어 처형했다. 뒤이어 그는 주교

튜더Tudor 왕조의 두 번째 국왕 헨리 8세는 청년 시절에 과장을 좋아하지 않는 사자使者가 그를 일컬어 '내 생애 한 번도 본 적 없는 가장 아름다운 군주'라고 칭찬했다. 또한 그는 다재다능한 사람이었다. 그러나 그의 품성은 아름다운 외모나 재능과는 달리 공치사를 좋아했고 사치스러웠으며 잔인하고 포악하며 교활하고 의심이 많은 사람이었다. 월터 롤리Walter Raleigh 경은 그에 대해 다음과 같이 말했다. "만약 모든 잔인한 군주의 전형과 외모에 대한 묘사가 전부 사라진다고 해도 헨리 8세의 이야기를 통해서라면 복원되어 나올 수 있을 것이다."

3명, 공작 1명과 상당수의 백작 및 백작부인 1명을 처형했고 심지어는 자신의 부인 2명도 처형했다.

앤 불린Anne Boleyn은 기사 토머스 불린Thomas Boleyn과 엘리자베스 하워드Elizabeth

헨리 8세의 네 번째 부인

^{Howard} 군주의 딸이었다. 그녀는 비록 뛰어난 미모의 소유자는 아니었지만 어릴 때 프랑스에서 자랐고 귀국 후에는 궁중에서 생활해 사람들을 매혹하는 품격과 경쾌한 활력을 지니고 있었다. 이러한 그녀의 매력은 헨리 8세의 첫 번째 부인인 캐서린^{Catherine} 왕비와 대조되어 더욱 빛을 발했다. 결국 헨리 8세는 지금까지 느껴보지 못한 강력한 흡인력을 지닌 앤에게 끌리게 된다.

캐서린은 스페인 아라곤^{Aragon} 왕국의 페르디난도 2세^{Ferdinando II}의 딸로 원래 헨리 7세의 장자이자 헨리 8세의 형인 아서^{Arthur}와 결혼했지만 결혼한 지 2년째 되는 해에 아서가 사망했다.

스페인과의 혼인 관계를 유지하기 위해 나이 든 국왕은 임종하면서 그녀와 헨리 8세의 정혼을 약속한다. 결혼 후에 캐서린은 헨리 8세를 위해 두 명의 아들을 낳았으나 모두 요절하고 말았다. 헨리 8세는 장래에 그의 왕위를 이을 합법적인 후계자를 간절히 원했다. 캐서린이 더는 후계자를 생산하지 못하는 데다 앤 불린의 매력에 푹 빠진 그는 결국 1572년에 로마 교황청에 이혼 신청을 제출했다. 그러나 교황은 그의 이혼을 허락하지 않았고 이에 헨리 8세는 영국 국교회의 결재를 신청했으나 이 또한 수리되지 않았다. 후에 토머스 크롬웰^{Thomas Cromwell}이 정권을 잡은 후에야 그의 목적을 이룰 수 있었다.

이 기간에 헨리 8세는 이미 한 궁녀와의 사이에 아들 하나를 두고 있었고 앤의 언니 메리를 자기편으로 점찍어 두고 앤에게 러브레터를 보내 그녀를 합법적인 부인으로 맞아들이겠다고 맹세했다. 대략 1533년 1월 25일 경에 그는 앤과 비밀 결혼을 했고 6월에 앤은 웨스트민스터 사원Westminster Abbey에서 정식으로 왕후 대관식을 올리게 되었다. 이때 사람들은 드레스 주름 사이로 드러난 부푼 배를 보고 그녀가 이미 임신한 몸이라는 사실을 알아차렸다. 3개월 후, 앤은 딸을 출산했는데 이 아이가 바로 미래의 엘리자베스 여왕이다. 헨리 8세는 극도로 실망했다. 그는 그저 딸 하나를 더 얻기 위해 앤을 부인으로 맞아들인 것이 아니었다. 그리하여 그는 두 모녀에게 매우 냉담한 태도를 보였다.

합법적인 계승자가 되어줄 수 있는 아들을 낳지 못한다는 이유로 헨리 8세는 금세 앤을 미워했다. 게다가 이때 헨리 8세는 이미 용모가 아름답고 성격이 단정한 왕후의 시녀를 마음에 두고 있었다. 그녀는 후에 세 번째 부인이 된 제인 시무어Jane Seymour로 헨리 8세가 앤을 미워하게 된

헨리 8세는 순전히 개인적인 욕망으로 잉글랜드의 국왕이야말로 영국 교회의 진정한 수령이라는 사실을 잉글랜드의 모든 사람이 승인하고 선서하기를 요구했다. 토머스 무어는 경건한 천주교 신자이자 저명한 정치가로서 국왕의 선서 명령을 거절했다. 이로 인해 무어는 런던 타워의 독방에 1년간 수감되었으나 그의 주장을 굽히지 않았다. 결국 국왕은 무고한 무어에게 반역죄를 덮어씌우고 그를 사형에 처했다.

원인 중의 하나였다. 게다가 궁정 파벌 간에 투쟁이 한꺼번에 일어나 사정은 더욱 복잡해졌다.

1529년부터 토머스 크롬웰이 국회에 들어와 헨리 8세의 주요한 일을 논의하는 신하가 되었고 영국의 실질적인 통치자가 되었다. 그는 잉글랜드 교회와 로마 교황청의 분리를 주장했다. 그리하여 1534년에 영국 국회는 '수장령首長令'을 발표해 국왕이 교황을 대신해 영국 성공회의 수령이자 영국 전체의 최고 수령이라는 사실을 확정하고 교회에서 왕실의 권위를 높였다. 이 시기를 전후해 헨리 8세는 1533년에 캔터베리Canterbury 대주교로 토머스 크랜머Thomas Cranmer를 임명하고 자신과 캐서린 왕비의 혼인관계를 폐지했다. 뒤이어 캐서린과의 결혼은 무효이며 앤과의 결혼이 유효하다고 선언하고 전 국민이 이를 선서하도록 요구했다.

그러나 이러한 요구는 이내 여러 사람의 반대에 부딪쳤다. 캔터베리 대주교의 영지에 있던 하녀 및 영향력 있는 예언자와 기타 7, 8명의 선교사가 이로 말미암아 사형을 당했으며 그 외에도 로체스터Rochester의 주교 성 요한 피셔St. John Fisher와 하의원 의장과 내각 대신을 맡은 적이 있는 《유토피아Utopia》의 저자 토머스 모어Thomas More도 마찬가지로 양심을 배반하는 선언을 거부했다는 이유로 반역죄를 선고받고 런던 타워에 갇힌 뒤에 처형됐다.

궁정에서 일어난 투쟁을 왕비 앤의 신상에도 영향을 끼쳤다. 어떤 이는 그녀가 체질상의 결함이 있다고 주장했고 다른 이는 그녀의 왼쪽 손에 여섯 개의 손가락이 달려 있는데 이는 마녀임을 나타내는 증거라고 말했다. 또한 모진 고문을 당한 궁정 악사는 앤과의 간통을 인정했고 이에 네 사람이 연루되었다.

사실 앤이 엘리자베스 이후로 한 번도 임신하지 못했던 것은 아니었다. 1536년 1월에 헨리가 말을 타다가 사고를 당해 생명의 위기에 처한 일이 있었다. 당시 앤은

토머스 모어의 일가는 모두 독실한 천주교 신자였다.

이 사실을 알고 몹시 충격을 받아 임신하고 있던 남자아이를 유산하고 말았다. 유산 소식에 헨리 8세는 몹시 노하여 과거 그가 앤을 부인으로 맞이한 것은 그녀가 마법을 부려서 자신을 유혹한 것이 분명하다고 이야기했다. 그러나 역사학자들은 실제로 앤이 고발당할만한 큰 죄를 짓지는 않았다고 생각한다. 그녀는 단지 토머스 크롬웰을 지지하는 궁정 파벌의 희생양이었을 뿐이다.

앤은 다른 사람과 간통하고 심지어는 친형제와 근친상간했다는 죄목으로 런던 타워에 갇히게 되었다. 뒤이어 1536년 5월 19일에 사형을 당해, 사상 최초로 사형 당한 왕비가 되었다. 앤은 부군인 헨리 8세에게 마지막으로 토머스 모어 등과 같이 도끼를 사용하지 말고 칼을 사용해서 죽여 달라 부탁했다.

헨리 8세는 이에 동의했고 프랑스로 사람을 보내 검객을 물색했다. 왕비는 이에 매우 만족해하며 친구에게 말했다. "듣자하니 망나니의 칼솜씨가 매우 뛰어나다고 하더라." 뒤이어 그녀는 웃으면서 말했다. "내 목이 가느다란 편이어서 다행이야."

정적政敵의 귀착점

엘리자베스 1세는 잉글랜드 역사상 위대한 군주 중 한 사람으로 45년간 성공적으로 통치하여 백성의 존경을 받는 여왕이 되었다. 단지 사생활에 있어 어느 정도 의론이 있는 것만 제외하고는 말이다.

엘리자베스 1세는 다른 나라와의 혼인 관계가 전쟁을 초래할지도 모른다고 생각해 결혼을 하지 않았다. 그것과는 별개로 남성과의 교제를 좋아했으며 노년이 되어서도 이러한 낭만적인 열정은 줄어들지 않았다. 그녀가 대법관 크리스토퍼 해턴Christopher Hatton, 특히 로버트 더들리Robert Dudley 백작과 풍류를 즐겼다는 사실은 많은 사람이 익히 알고 있다. 또한 그녀와 에섹스Essex 백작 및 월터 라일리Walter Raleigh 경과의 관계는 남녀 간의 연모의 정과 군신의 권력 투쟁이 교차하는 대단히 복잡한 관계였다. 이는 지금까지도 사람들에게 회자되고 있다.

에섹스 백작 2세인 로버트 드브레Robert Devereux는 엘리자베스 여왕 신하의 아들로 여왕을 고모할머니라고 불렀다. 여왕은 그를 어린 시절부터 알았으며 매우 총애했다. 1587년에 에섹스 백작은 여왕의 시종 대장으로 임명되었다. 그 때 여왕의 나이는 이미 53세였고 에섹스 백작은 아직 스무 살도 안 된 청년이었다.

에섹스 백작은 용모가 수려하고 금발을 길게 늘어뜨린 품격 있는 청년인데다 앳된 기색이 있었다. 게다가 공경하는 얼굴 표정과 언사는 엘리자베스 여왕이 이

청년에게 미혹되게 만들었다.

두 사람은 항상 같이 지냈다. 그
들은 도처의 공원을 함께 산책하고
런던 교외의 숲에 말을 타러 나갔고
밤이 되면 같이 담소를 나누거나 음
악을 감상했다. 이렇듯 두 사람이
만날 때는 항상 주위에 아무도 없
었으며 같이 트럼프를 하거나 유희
를 즐기며 시간을 보냈다고 한다.

에섹스 백작과 여왕의 이러한 관
계는 원래 여왕의 총애를 받던 경호
대 대장 월터 라일리의 질투를 불러
일으켰다. 그리하여 두 연적은 모두
여왕의 앞에서 상대방의 갖가지 행
동을 일러바치며 하소연했다. 이때

소녀 시절의 엘리자베스 1세

엘리자베스 여왕이 라일리를 옹호하는 바람에 에섹스는 여왕과 처음으로 말다툼
을 했다. 그 후에 에섹스는 자신이 바다 건너 네덜란드를 지지하는 전쟁에 참가
할 것이라는 결의를 표명했으며 비록 전사하게 되더라도 영광스러운 희생이 마음
을 졸이며 구차하게 살아남는 것보다 낫다고 이야기했다. 그러나 정작 그가 출정
하자 엘리자베스 여왕은 사람을 보내 돌아오게 만들었고 두 사람의 관계는 예전
처럼 다시 좋아지게 되었다. 이 젊은 청년은 숭고한 여왕과 말다툼을 하기도 하고
심지어는 그녀의 면전에서 그녀를 질책하기도 했지만 아무런 처벌을 받지 않았다.

말년의 엘리자베스 1세

이는 에섹스 백작이 후에 더욱 방자한 행동을 일삼은 원인이 되었다. 문제는 에섹스 백작이 자신과 여왕의 관계를 너무 자신한 나머지 엘리자베스가 정치가라는 사실을 망각하고 멋대로 행동했다는 데 있었다. 반면 엘리자베스 여왕은 비록 감정에 사로잡혀 있기는 했지만 절대 정치가로서의 본분을 잊지 않았다. 그 결과 계속되는 의견 충돌로 두 사람의 사이는 결국 수습할 수 없는 지경에까지 이르렀다.

게다가 1599년에 여왕이 아일랜드에 머물렀을 때 에섹스 백작은 서투른 지휘로 반군에게 대패하고 상대방과 굴욕적인 조약을 체결했다. 또한 여왕의 명령을 거역하고 제멋대로 돌아왔으며 심지어는 군신 간의 예절을 지키지 않고 아무런 통보 없이 멋대로 여왕의 침실에 들이닥치기까지 했다. 이로 인해 1600년에 여왕은 그의 직무를 일체 면직시키고 원래 그에게 하사했었던 와인 세수입의 특허권을 국가로 귀속시켰다. 이 무렵에 에섹스 백작은 순진하게도 일일이 엘리자베스 여왕에게 편지를 보내어 이전에 친애하던 여인에게 한번만 더 친밀한 만남을 허락할 것을 간청했다. 그는 아름답고 공정한 그녀의 손에 키스하기를 원한다는 말을 하면서 너그러운 용서를 구했으나 아무런 성과를 얻지 못했다. 결국 정치상의 앞날이 무너지고 특허권을 잃어 경제적으로 파산이 임박한 백작은 수하 3백 명을 데리고 1601년 2월 8일에 런던 민중의 반란을 일으켰다. 그러나 완전히 격파당해 무조건적인 항복을 할 수밖에 없었다. 이어서 그는 런던 타워에 갇히게 되었고 재판을 통해 2월 19일에 사형을 선고받았다. 여왕은 그의 판결을 내리는 데 조금도 주저함이 없었으나 그의 사형 집행을 한 차례 연기한 적이 있었다. 결국 에섹스 백작은 본인의 요구에 따라 공개적인 장소가 아닌 런던 타워 안에서 2월 23일에 사형을 당했다. 형을 집행하는 그날에 월터 라일리는 두 눈으로 직접 그의 정적이 처형되는 모든 과정을 지켜보았다. 그러나 이때 그는 17년 후 자신이 그와 같은 운명에 처할 것이라고는 꿈에도 생각하지 못했다.

마지막 죄수

1941년 5월 10일, 독일의 고급 장교 한 사람이 특수 임무를 맡고 비밀리에 스코틀랜드로 날아왔다. 그러나 사람들은 그를 보고 그가 독일의 사회당 당원이자 나치당의 수령인 루돌프 헤스Rudolf Hess라는 사실을 쉽게 알아챌 수 있었다.

헤스는 제1차 세계대전 때 독일의 육군에서 복무했다. 전후에는 뮌헨 대학에서 공부했고 반유대주의 선전 활동에 종사했는데 결국 1920년에 새로 설립된 나치당에 들어가 훗날 당의 원수가 될 아돌프 히틀러Adolf Hitler의 가까운 친구가 된다. 그리고 1923년에 술집의 폭동에 참가하였으나 이는 실패로 끝났고 그는 우선 도망을 갔다가 후에 자수했다. 그 후 옥중에서 복역하면서 히틀러의 일생과 사상이 담긴 《나의 투쟁Mein Kampf》의 내용 대부분을 기록하고 정리했다.

헤스가 이때 영국에 비밀리에 온 것은 바로 평화 협상을 제의하기 위해서였다.

그는 유럽에서 독일인의 임의 행동을 허락할 것을 요구하는 동시에 독일은 브리튼 제국의 완전한 영토를 존중하며 영국이 원래 소유했던 식민지를 돌려준다는 요지의 협상을 성사시키기 위해 사력을 다한다. 그러나 애석하게도 그의 꿈은 실현되지 못했다. 헤스는 전범으로 런던 타워에 갇히게 되었던 것이다. 전쟁이 끝나고 헤스는 이미 제정신이 아니었다. 그는 뉘른

히틀러는 루돌프 헤스의 힘을 빌려 영국과 잠시 동맹을 맺고자 했으나 조금의 성과도 얻을 수 없었다.

베르크Nürnberg 국제 법정에서 구속 조사를 받은 후 무기징역을 선고받았다. 그리고 런던 타워에 수감된 마지막 죄수가 되었다.

감옥에서의 비극

유럽에서 일반 감옥의 상황은 더욱 처참했다. 비록 유배 가는 죄수들을 수용하는 배더라도 안전을 위한 진공관 장치는 되어 있었지만 현재와 같이 모든 조종 설비를 완벽하게 갖추지는 않았다.

금전의 매력

18세기의 감옥은 정부 기구가 아니라 정치적인 한직이었고 이는 모두 이름난 기업가에게 포상으로 주어졌다. 그들은 감옥을 이윤을 얻을 수 있는 기업처럼 경영했다. 울타리가 쳐진 이 호텔 안에서 손님은 기본적인 서비스를 위해 비싼 비용을 지불해야 했다. 이곳에서는 심지어 뜨거운 낙인을 면제받기 위해 죄수가 뇌물을 상납하는 일도 빈번하게 일어났다. 부유한 범죄자는 상대적으로 사치스러운 환경에서 화려하게 생활할 수 있었고 개인 스위트룸과 24시간 서비스를 받았다. 심지어 간수들은 지불할 능력이 있는 죄인들을 위해 술집을 열고 매춘을 주선하기까지 했다.

18세기 영국의 감옥에서는 돈이 가장 좋은 통행증이었다. 가난한 사람에게는 단지 잔혹한 학대만이 기다릴 뿐이었다.

그러나 현금이 없고 수감 생활을 지원해줄 만한 가족이나 친구가 없는 불행한 죄수들은 몹시 비참한 삶을 살았다. 그들은 살기 위해 어쩔 수 없이 최대한 참관 자들의 눈에 들기 위해 노력했고 담장 너머로 손을 내밀어 구걸하는 바구니를 내밀었다. 관방에서는 음식을 위한 예산을 주지 않아서 많은 빈곤한 죄수가 굶어 죽었다.

모든 감옥은 하나의 작은 제국과 같았기 때문에 이러한 공포스러운 현상을 자주 볼 수 있었다. 간수는 죄수들의 신변에 대한 책임을 지지 않았고 이는 지방 행정관도 마찬가지였다. 일단 죄수들에게 칼과 족쇄가 채워지고 나면 법원은 그들에게 모든 흥미를 잃었다. 그리하여 간수들은 죄수를 자기가 하고 싶은 대로 대했다. 때로 그들은 죄수의 형이 만기가 되어도 석방시키지 않기도 했다. 만약 누군가 이를 알아차리면 그들은 이 죄수가 아직 호송비를 지불하지 않았다고 주장했다.

이중 악몽

18세기의 감옥은 폭력이 난무하는 비참한 악몽과도 같은 곳이었다. 이러한 지옥에서는 단지 강한 사람만이 살아남을 수 있었다. 남자, 여자, 아이 할 것 없이 모두 흔히 볼 수 있는 커다란 감방 안에 밀어 넣어졌다. 그들은 그 안에서 식사를 하고 잠을 잤으며 싸움을 하고 간통했다. 간수가 주위에 없을 때는 죄수 중에 악한 무리가 그 감옥을 지배했다. 그들은 새로 들어온 죄수를 강탈했으며 밀고자를 살해했다.

감옥 안의 또 다른 대재난은 장티푸스였다. 일단 장티푸스가 발생하면 한 사람씩 연달아 전염되어 감옥 전체로 퍼져 나갔다. 1773년에서 1774년에 이르는 기간에 잉글랜드에서 장티푸스로 사망한 죄수는 사형대에서 죽은 죄수보다 더 많을 정도였다. 그러나 장티푸스가 법정에도 전염되어 변호사와 법관이 사망하기 전까지 아무도

장티푸스 등의 전염병이 감옥 내에서 전파되는 것을 방지하기 위해 많은 감옥에서 어쩔 수 없이 죄수를 독방에 가두었다. 그러나 이는 감옥의 위기를 초래했다.

감옥 안의 여자 죄수들은 돈이 없어서 간수에게 뇌물을 제공하지 못하면 학대를 당했다. 설령 아이를 낳은 산모라고 해도 예외는 아니었다.

감옥에서 장티푸스가 유행한다는 사실에 관심을 가지지 않았다. 이후 갑자기 감옥의 위생 상태에 대한 관심이 나타났다.

희망의 빛

전환점

　　유명한 감옥 개혁가 존 하워드^{John Howard}는 1770년대에 감옥에 대한 조사를 시행하면서 무정부주의의 위기에 흔들리며 추락하고 있는 사회를 보았다. 그는 당시 잉글랜드 배드퍼드^{Bedford}의 치안관을 지냈는데 가파르게 상승하는 범죄율과 시민 질서의 부패에 놀랐고 몹시 두려워했다.

　그러나 그가 제일 놀랐던 건 따로 있었다. 바로 범죄를 진압하는 당국의 잔인한 방식이었다. 당시 영국에서는 폭력을 폭력으로 다스렸다. 사형과 육형을 구분하지 않고 활용하는 방식은 범죄율을 감소시킬 수도 없었을 뿐더러 법률에 대한 사람들의 존중을 이끌어내지도 못했다.

　하워드와 그의 추종자들이 보기에 사법 기관의 공포 정책은 잔인하고 어리석었다. 그리하여 그들은 사형이나 육형을 대신해 감금을 하는 방법을 사용하자고 건의했다. 그들의 생각은 대단히 진보적이었는데 예전처럼 보통의 감옥에 죄인을 감금하자는 것이 아니라 죄를 징벌할 새로운 기구를 설립하자는 것이 요지였다.

　이렇듯 형벌에 대한 개혁이 태동하는 데는 다양한 풍조가 큰 영향을 발휘했다.

엘리자베스 프라이Elizabeth Fry는 19세기 영국의 걸출한 감옥제도 개혁가이자
종교적인 동기로 탄생한 감옥 개혁파의 한 사람이었다.

자유와 평등을 강조하는 신 철학은 인간의 존엄과 개인의 권리를 강조했다. 이는 신체에 가혹한 형벌을 가하는 행위에 대한 각성을 일으켰고 사형과 육형은 잔인한 행위로 간주되기 시작했다. 퀘이커Quaker파 신도와 신교도는 고독하고 엄격한 규율로 정신을 재생시키는 관념을 부흥시켰다.

《감옥의 상황》

1777년은 이러한 형벌 개혁의 전환점이 된 해였다. 당시에 배드퍼드의 치안관 존 하워드는 《감옥의 상황》이라는 책을 출간했다. 이 책에서 그는 영국과 유럽 대륙의 감옥에 대한 조사를 기술했다. 그가 감옥의 조건에 대해 관심을 갖기 시작한 것은 1754년으로 거슬러 올라간다. 당시에 그는 프랑스에서 짧은 기간 감옥에 갇힌 적이 있었다.

하워드는 과학적인 방법을 응용해 사회 연구에 종사한 사람으로 그의 발견은 자만하고 있던 상류 사회에 큰 충격을 주었으며 결국 정부의 행동을 이끌어냈다. 하워드는 감옥 생활의 혼란과 잔인함에 불만을 품고 있었다. 그는 이성적이고 인도적인 새로운 제도를 실행하자고 건의했다.

엘리자베스 프라이의 감옥 제도 개혁은 영국의 현대 감옥 제도 시스템의 창립에 있어 특히 여성 수감자가 육체적인 징벌과 도덕적으로 타락한 방면에서 벗어날 수 있도록 대단한 공헌을 했다.

하워드가 구상한 모범적인 감옥은 평안하고 깨끗하며 질서가 있는 감옥이었다. 간수는 당국이 책임지는 문관으로 구성되었다. 이러한 감옥에서는 육형을 시행할 필요가 없었다. 죄수들은 자신의 독방에 격리되어 타락적인 영향을 받지 않을 수 있었다.

1778년의 《영국 감화원 법》은 하워드의 건의를 받아들였다. 이 법은 안전과 위생을 구축하는 기구, 시스템의 조사, 요금 제도의 폐지와 감화 계획과 같은 몇 항의 중요한 개혁을 규정했다. 그러나 불행하게도 이러한 이상적인 제안은 이로부터 몇 년이 지난 후에서야 겨우 전부 실현되었다.

감옥 개혁의 아버지 존 하워드는 1790년에 세상을 떠났다. 게다가 아이러니하게도 그는 감옥에서 장티푸스로 사망했다. 하워드는 생전에 고대 중세의 가혹한 형벌이 폐지되는 것을 많이 보았고 1785년에는 노퍽^{Norfolk} 주에 지어진 최초의 감화원을 보았다. 그러나 그는 그가 천신만고의 노력을 들인 독방 제도가 가장 잔인한 형벌에 버금갈 만큼 무섭다는 사실을 알지 못했다.

감화원: 개조와 징벌

존 하워드의 사상을 받아들여 죄인을 구제하는 도구로 회개하는 곳, 즉 감화원이 설립되었다. 이러한 감화원 규율의 핵심은 독방 제도였다. 이러한 개념은 완전히 새로운 것은 아니었다. 중세 시대의 교회에서는 잘못을 범한 목사를 격리

영국 감옥 혁명의 아버지 존 하워드의 조각상
그가 제창한 감옥 개혁 운동은 후세에 매우 깊고 큰 영향을 주었다. 이로 인해 서양 국가에서는 그를 감옥 개량 운동의 시조라고 부르기도 한다.

시켰었고 하워드가 유럽에서 고찰을 할 때도 많은 감옥에는 독방 제도가 설립되어 있었다.

독방 제도의 기원은 1704년에 로마에 지어진 성 미카엘^{Saint-Michel} 교정원으로 천주교의 소년원이었다. 이곳은 교회의 수도사를 징계하는 위해 지어졌으며 격리, 일, 묵상과 기도를 원칙으로 조직된 형벌 기구였다.

하워드는 독방 제도가 육형보다 인도적일 뿐 아니라 더욱 효과적이라고 생각했

다. 독방에서 혼자 묵상하게 되면 자신의 양심과 마주하게 되고 그로 말미암아 자신이 저지른 죄를 참회하면서 채찍질할 거라 여겼던 것이다.

　감옥 개혁가들은 사람의 신체를 통제함으로써 그들의 영혼을 조절할 수 있다고 생각했다. 그들은 심지어 감화원이 지역 사회 구성원들에게　질서와 도덕의 모범이 될 수 있기를 기대했다.

미국의 개혁 붐

감화원에 대한 발상은 유럽에서 시작되었지만 이를 가장 발 빠르게 시도한 것은 미국인이었다. 사실상 식민지시기에 미국인은 영국의 사형과 육형 제도를 배척했었다.

1682년에 퀘이커파의 지도자 윌리엄 펜William Penn은 감금 노역으로 태형이나 육형을 대신하는 형법을 제정했다. 이 형법 전서에서는 오직 살인죄에만 사형을 내리도록 정해져 있었다.

그러나 1718년에 펜이 사망하고 난 후 그의 법률은 황실가의 법령에 의해 폐지되었다. 다행히도 필라델피아는 여전히 형벌의 개혁에 긍정적인 지역이었고 1787년에 윌리엄 브레드포드William Bradford, 벤자민 러쉬Benjamin Rush 등은 이곳에서 공공 감옥의 고통을 경감시키는 학회를 설립했다. 1790년에 그들은 주정부가 월넛Walnut가의 구치소 옆에 북미 최초의 교정 기구를 설립해야 한다고 주장하고 이를 설득시켰다.

이 감화원에서는 혐의자, 증인, 경범죄를 일으킨 사람이 여전히 함께 큰 방안에 갇혔으나 강력 범죄를 저지른 사람만은 독방에 감금되었다. 월넛 가의 구치소의

미국은 하워드의 감옥 개혁 사상을 매우 중요시했고 신속하게 감화원을 설립했다.

제도는 후에 펜실베이니아^{Pennsylvania} 제도로 유명해졌다.

1821년, 뉴욕 주의 오번^{Auburn} 감화원에서는 독방 제도 실험을 진행했다. 한 조의 죄수를 각각 독방에 수감시킨 후 어떠한 오락이나 노동도 허락하지 않았다. 그 결과 많은 실험자들은 자살했고 이로 인해 이 계획은 2년 후에 무산된다. 프랑스의 범죄학자 알렉시스 드 토크빌^{Alexis de Tocqueville}과 구스타브 드 보몽^{Gustave de Beaumont}은 이러한 극단주의에 대해 강력하게 비난했다. "이는 개조가 아니라 살인이다."

오번 감화원의 제도는 이후에 죄수를 낮에는 묵묵히 일하게 하고 밤에만 독방에 감금하는 제도로 바뀌었다. 이는 오번제도 혹은 '침묵 접촉'이라고 부르게 되었다.

이때 펜실베이니아에서는 감옥 당국이 여전히 완전한 격리 원칙을 고수하고 있었고 펜실베이니아 제도(격리 제도라고도 한다.)에 따라 1829년에 거대한 감화원이 설

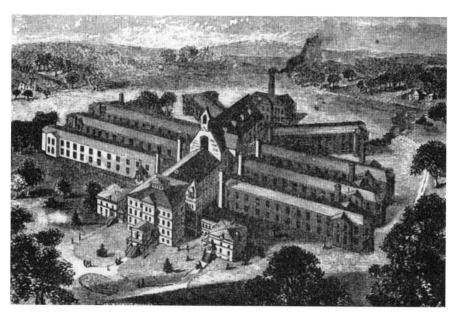

영국 초기의 감화원

영국의 저명한 작가 찰스 디킨스는 고찰을 한 후 감화원이라는 이 새로운 감옥 형식에 매우 실망했다.

립되었다.

이 감화원에서는 모든 죄수를 24시간 내내 독방에 감금했다. 그들은 각자 자신의 방에서 방직, 재봉, 신발 제작 등의 작업에 종사했다. 식사는 문에 난 작은 구멍을 통해 배급되었다. 수감자가 개인적인 활동을 하는 공간은 높은 벽돌담으로 다른 사람의 뜰과 분리되어 있었다.

이러한 높은 벽돌담은 방음이 잘되어 있었으며 죄수들이 유일하게 접촉할 수 있는

퀘이커파는 엄격한 독방 제도인 펜실베이니아 제도를 추진하는데 힘썼고 노동은 징벌적인 강제 활동이 아니라고 강조했다. 또한 죄인의 자아 제한과 속죄성 활동을 촉진시켰다.

사람은 간수뿐으로 매일 3차례 죄수를 검사하는 역할을 담당했다. 가끔씩 종교 신도들이 면회 와서 죄수들에게 종교 책자를 나누어주었다. 이외에 외부의 친구나 가족과의 통신은 실질적으로 금지되었다.

찰스 디킨스Charles Dickens는 1840년대에 이곳을 참관하고 다음과 같이 묘사했다. "신비한 유기체인 대뇌에 만성적인 영향을 끼치는 일상은 어떠한 신체의 형벌보다 더 심각한 손상을 준다."

1849년에 캐나다의 브라운Brown 위원회의 구성원은 이 감옥을 참관했다. 그들은 죄수들이 전체적으로 영양실조에 걸린 것 같으며 쇠약한 상태인데다 두 눈은 깊이 파였고 눈동자는 초조한 기색을 드러내고 있다는 사실을 발견했다. 결국 감옥 당국은 300명의 죄수 중 50명이 사망했다는 사실을 어쩔 수 없이 인정했다.

하지만 정작 존 하워드 본인은 완전한 격리를 주장한 적이 없었다. 그는 죄수들이 함께 일하고 단련하는 것을 허가해야 한다고 생각했다. 또한 그는 완전한 격리가 감각의 둔화 혹은 절망감을 유발할 수 있다고 경고하기도 했었다.

비록 이러한 결함이 있었지만 절대다수의 유럽 국가는 펜실베이니아의 제도를 받아들였다. 오번제도는 미국과 캐나다에서 성행하기 시작했다. 19세기의 캐나다에서는 단지 킹스턴Kingston 감화원만이 펜실베이니아 제도에 근거해 격리 제도를 시행하고 있었다.

어떠한 제도를 채택하던 간에 19세기의 침묵과 격리는 종종 극단적인 상황을 야기했다. 1842년에 잉글랜드의 런던 부근에 건설된 펜톤빌Pentonville 감옥에서는 죄수들이 반드시 검은 색의 작은 가면을 써서 서로 알아보지 못하도록 했다. 또한 이곳에서는 죄수들이 많은 독방으로 나누어진 교회에서 예배를 드렸다.

미국에서 감옥 당국은 단체 행군을 발명했다. 이러한 행군은 죄수들이 모두 함께하는 것이었는데 오번의 감화원에서는 단체 행군을 걷는 죄수는 반드시 얼굴을 무표정하게 유지하고 정원 방향을 바라봐야 했다. 만약 소리를 내지 않고 교류하려는 시도를 하면 처벌을 받았고 심지어 경련을 일으켜도 처벌을 받아야 했다.

1880년대에 이르러 감화원의 과도한 혼잡으로 이러한 계율은 적용되지 못했다. 독방이 공동생활로 바뀌자 침묵과 격리는 유지되기 어려웠다. 그리하여 독방에 감금하는 것은 개조 수단이 아니라 단순한 징벌로 바뀌었다. 지하 감옥이나 격리된 독방은 '감옥 안의 감옥'이 되었다.

결과적으로 하워드가 생각한 것과 같은 감화원은 실패했다. 그러나 이러한 제도는 그 원시적인 방법과 기본 원리가 배제된 후에도 매우 오랫동안 성행했다.

범죄는 일종의 질병

20세기 초에 이르러 범죄자는 속죄가 필요한 죄인이 아니라 치료가 필요한 환자라는 인식이 생겨나기 시작했다.

그리하여 각국의 왕실 위원회는 이와 관련된 건의를 형벌학에 새롭게 도입하기로 결정한다. 1914년에 한 왕실 위원회는 범죄자 개인에 대해서 자세하고 과학적인 연구를 진행해야 한다고 호소하기도 했다. 이제 더는 감옥을 공장처럼 설립하거나 사람을 공장의 조립부품

미국의 범죄 교정은 교정 패턴Rehabilitation에 따라 편향적으로 이루어졌다. 그래서 형벌 개혁가들은 범죄자가 처한 상황에 따라 그에 맞는 치료와 교화를 시행해야 개선할 수 있다고 주장했다. 그 범위에는 인지교육, 행동 교정, 심리 치료, 정신 치료 및 기타 필요한 치료와 지도 교육이 포함되었으며 개성, 능력, 심신 상태, 형편, 경력, 교육 정도 등 개인 정보를 수집해 이를 분석하고 연구하여 판단했다. 그들이 개별적인 교정안을 제창한 것은 범죄자를 통제하고 교도하는 것과 동시에 각자의 상황에 근거한 교정으로 인성을 회복시킬 수 있다고 생각했기 때문이다.

새로운 감옥 시스템에서 죄인은 더욱 많은 인도주의적 권리를 얻었다.

처럼 쓰는 일이 있어서는 안 된다고 여겼던 것이다.

물론 이론과 실천 사이에는 아직도 큰 차이가 있었다. 특히 캐나다의 교정 제도가 그러했는데 범죄율의 파동, 경제적 압박, 정치 변화를 우선적으로 고려하고 또한 범죄자의 관리 문제가 불거지다 보니 이상적인 계획을 실행하는데 어려움이 컸다.

또한 형벌 개혁가들과 형을 집행하는 당국의 입장이 서로 엇갈릴 때도 많았다. 형벌 개혁가들은 우선 죄인들을 도와주어야 한다는 주장을 관철시키려 했고 감옥의 관리자들은 질서 유지를 더 중요하게 생각했다.

1924년에 감화원의 주관자 WS 휴스Hughes는 보고서에서 다음과 같이 지적했다. "감화원의 수감자들에 대한 지속적인 치료는 여전히 논쟁거리이며 범죄를 잘 알지도 못하는 사람들이 이를 끈질기게 건의하거나 요구하고 있다. 감화원이 이러한 건의를 다 받아들이지 않고 경험 없는 이들의 실험을 제한하는 것이 죄인들에게는 그나마 다행스러운 일일 것이다."

변화는 통상적으로 천천히 이루어졌으나 1920년대 후기에 캐나다에서 수감자 분류 계획과 전문적인 소년 시설, 종합적인 공업 농장 체계 등을 시행하면서 본격화되었다. 또한 죄수가 선행을 하면 그 형을 감면하거나 가

하워드의 이론에 근거해 설립된 독일의 새로운 형태의 감화원

석방해주는 규정도 도입되기 시작했다.

그러나 경제 불황에 접어들면서 경제사범이 속출했는데 특히 실업 청년의 비중이 높았다. 1929년에 감화원에 수감된 사람은 2,769명이었지만 1933년에는 4,587명으로 대략 66퍼센트 상승했다.

결국 당국은 범죄와의 전쟁을 표방하며 강경 노선을 취했다. 한번 개조된 죄수들은 진압에 복종했으나 간혹 절망적인 상황도 발생했다. 가령 오몬드Ormond 장군이 감화원의 주관자로서 군사 통치를 한 시기에 20차례의 폭동과 혼란이 발생한 적이 있었다. 이 시기에 감화원 일곱 곳은 구타, 저격 및 총살 등 다양한 형태의 혼란을 진절머리가 날 만큼 겪었다.

아챔볼트Archambault **위원회**

폭력은 대중과 매체의 관심을 불러일으켰고 1938년에 아챔볼트 위원회를 탄생시킨 촉매제가 되었다. 그리고 이 위원회의 보고는 현대 캐나다 교정 개혁의 분수령이 되었는데 이때 제창된 88개 조의 건의가 교정 제도의 다양한 방면을 대부분 망라하며 지금까지도 여전히 큰 영향을 끼치고 있다.

위원회가 보고한 내용에서 중점은 바로 개혁은 징벌의 영향을 받지 않아야 한다는 것이었다. 이 보고에서 교정 제도의 목표는 우선적으로 범죄의 예방이며 그다음이 범죄자의 건강을 회복하는 것, 그리고 마지막으로 상습범을 방지하도록 노력하는 것이라고 정의한다.

위원회는 죄수의 심신건강을 회복시킬 수 있는 계획이 거의 전무후무하다는 사실에 매우 가슴 아파했다. 그들은 감옥의 교육과 오락 및 작업 계획, 여성 수감자에 대한 대우가 개선되어야 하며 가석방과 집행 유예 제도도 개혁해야 한다고 건의했다. 또한 가석방 후의 서비스 개선과 행정 조직 개편 및 분류 제도 개선에 대해서도 의견을 내놓았다.

그러나 제2차 세계대전이 발발하면서 대중은 감옥 개혁에 흥미를 잃었고 아챔볼트의 보고에 대한 집행도 일시적으로 보류되었다.

1946년에서 1960년까지 육군 소장 랄프 깁슨Ralph Gibson이 교정국의 국장을 담당했는데 재임 기간 동안에 기구의 수를 7개에서 15개로 증가시켰다. 1947년에는 심리학 서비스를 도입했으며 1958년에는 최초로 정신병을 연구하는 전문 학자를 고용했다. 그리고 1952년에는 킹스턴Kingston에 콜더우드Calderwood 감화원 직원 학교가 설립되어 직원 교육도 추진되었다.

아챔볼트의 보고가 공포되고 나서 30년 동안 감화원 제도는 계속해서 왕실 위원회와 정부 위원회 및 사립 기구의 심사를 받았다. 이러한 기구는 감화원의 최초 이상이라고 할 수 있는 개조가 제대로 시행되고 있다고 믿어 의심치 않았으며 대다수의 죄수들이 감옥에서 개조될 것이라는 낙관적인 견해를 보였다.

1960년대에서 70년대에 개조에 대한 관방의 태도에 균열이 생성되었다. 1969년의 한 보고에서 위원들은 개조의 가능성이 있는 범죄자는 감옥 밖에서도 잘해낼 것이라고 단정했다.

또한 일련의 새로운 건축

폭력은 대중과 매체의 관심을 불러일으켰고 1938년에 아챔볼트 위원회를 탄생시킨 촉매제가 되었다. 이 위원회의 보고는 현대 캐나다 교정 개혁의 분수령이 되었다. 위원회의 88개 조의 건의는 교정 제도의 다양한 방면을 대부분 망라하고 있다. 이러한 다양한 의견은 지금까지도 여전히 큰 영향을 끼치고 있다.

계획이 시행되어 1970년에 이르렀을 때 교정 기구는 34개나 되었다. 감화원은 당국이 다양한 유형의 죄수를 분류해 격리할 수 있도록 최저 경계 정도, 중급 경계 정도, 최고 경계 정도 기구의 3개의 유형으로 만들어졌다. 그리고 각각의 경우에 맞는 계획을 제정할 수 있도록 융통성 있게 운영되었다. 가령 최저 경계 정도의 감옥은 예전 감화원 같은 군사 규율이 필요하지 않았다.

그러나 강력 범죄는 별도로 처리되었는데 수감된 이들 중 개조 가능성이 없다고 생각되는 범죄자는 약 3퍼센트를 차지했다. 이들은 1968년에 퀘벡Quebec의 라발Laval에 최초로 설립된 초고도 경계 정도 기구에 수감되었는데 약 140명까지 수용 가능한 규모였다. 그러나 이러한 성격의 기구는 즉각 논쟁의 대상이 되었다.

치료 실험

　　　　　캐나다 감화원의 '정신 병리학' 시대는 1960년대 초에서 1970년대 초까지 지속되었다. 이곳에서는 상상할 수 있는 거의 모든 치료가 실험대에 올랐다. 각종 정신 약물치료, 전기 충격, 행동 수정, 감각 박탈, 주말 마라톤 등의 치료법이 시행되었고 심지어 발가벗고 마음을 터놓고 이야기하는 모임까지 있었다. 1970년대에 수감자들은 번호가 아닌 이름으로 불리기 시작했고 그들은 수염을 기르거나 수감자 위원회를 통해서 감옥의 조건에 대한 의견을 제시하기도 했다.

　1963년에 최초의 약물중독 전문 치료센터가 설립되었다. 그리고 1972년에는 최초의 지역 정신 치료 센터가 브리티시컬럼비아British Columbia에 세워졌는데 사실 그전에는 정신 치료에 대한 의식이 미미하여 1930년대에는 환자를 얼음 조각을 가득 채운 욕조에 들어가게 하는 치료법을 쓸 정도였다. 그때부터 시작된 교정 의학은 매우 긴 여정을 거쳐 현재로 이어지고 있다.

　1970년대에는 감화원의 생활에 대한 인성화 시험이 이루어졌다. 수감자들은 번호가 아닌 이름으로 불리기 시작했고 죄수복은 마치 평범한 옷처럼 보이도록 새롭게 설계되었다. 그리고 죄수들은 수염과 머리를 기르는 것이 허락되었다. 이러한 외양적인 변화 외에도 감화원은 수감자 위원회를 통해 수감자들이 일정한 정도의 자치를 할 수 있도록 시험해 보았다.

1971년에 무어 위원회는 수감자들이 작은 조직 환경에서 더욱 빠르게 회복할 수 있다는 의견을 제시했다. 그러자 수감자와 직원이 가정환경과 비슷한 환경에서 생활할 수 있는 '생활 단위'가 생겨났다.

감옥은 최후의 수단

1973년에는 정부의 관점을 대표해 비폭력 수감자를 다른 곳으로 보내야 한다는 의견이 제시되었다. 이러한 의견을 제시한 사람은 감옥이 반드시 최후의 징벌 수단이 되어야 한다고 주장했다. 이 시기에 일련의 안건에 관해서는 죄인에게 감금 대신 지역 사회 봉사를 명령했으며 배상 문제에 관해서 성공적인 실험이 이루어지기도 했다. 그리하여 많은 범죄자들이 직업과 교육 석방 계획으로 감옥을 떠날 기회를 잡았다.

1970년대 중반 무렵 캐나다 법률 개혁 위원회는 무력으로 위협하는 수단이나 개조 수단을 포함한 감옥 제도는 모두 실패한 것이라는 의견을 보고했다. 이들은 일반적인 사회생활과 격리된 상황에서는 범죄자가 사회생활에 필요한 효과적인 재교육을 받을 수 없다고 주장했다. 즉, 어느 범죄자가 지적한 것처럼 "잠수함 안에서는 비행기를 조종하는 법을 배울 수 없다."는 것이다.

아챔볼트는 이러한 위원회의 일을 지도했다.

그리하여 1980년에는 한 세기가 넘게 우뚝 솟아있었던 브리티시컬럼비아의 감화원이 문을 닫게 되었다. 브리티시컬럼비아 감화원과 사형이 빈번하게 시행되던 빅토리아 감옥의 폐쇄는 범죄에 대한 엄격한 처벌의 종결을 의미했다.

제7장

장대한 사형 광경

인류의 장구한 역사에서 인간의 생명은 때론 그 존귀함을 잃기도 했다. 기원전 1700년 고대 바빌론의 《함무라비 법전》은 현존하는 최고(最古)의 형벌 법전이다. 이 법전은 사형이 적용되는 모든 범죄에 대해 규정하고 있다. 헤브라이(Hebrai)인은 이보다 엄격해서 모세의 법전에는 15종류의 범죄를 사형으로 판결한다고 규정했다. 여기에는 암살, 간통, 부정, 짐승과의 성교, 모독, 부모를 저주하는 일과 마법을 부리는 일이 포함되어 있었다.

동물의 새로운 용도

사형 집행 방식은 사람들로 하여금 무서운 사법 제도를 직접 느끼고 상상하게 하는 것이었다. 중세 시대의 유럽에서는 죄인의 피부를 벗기거나 끝이 뾰족한 말뚝에 매다는 형벌, 곤충이나 야수에게 먹이로 주는 형벌, 물에 빠뜨리는 형벌, 돌로 치는 형벌, 십자가에 못 박는 형벌, 화형, 능지처참, 교수형, 교살, 산 채로 매장하는 형벌, 압살, 끓는 물에 집어넣는 형벌, 수레에 묶어서 찢어 죽이는 형벌, 총살, 굶겨 죽이는 형벌 등 다양한 사형 방법을 동원해 사형을 집행했다.

동물을 이용해 사형을 집행한 역사는 인류 문명의 역사만큼이나 길다. 많은 사람이 알고 있는 것처럼 기원전 7세기에 신 아시리아^Assyria 전성기의 국왕은 죄인을 커다란 개에게 던져주기도 했다. 이집트인도 같은 방식을 사용했으나 그들은 개보다는 악어를 사용하는 것을 더 좋아했다.

마다가스카르^Madagascar의 황후 라나발로나 1세^Ranavalona I는 잔학하기로 유명해 '여자 네로'라는 별칭으로 불렸다. 그녀는 특히 도마뱀류의 동물을 좋아했다. 그녀는 1861년에 세상을 떠날 때까지 매년 수만 명의 사람을 사형에 처했고 그중 대다수는 악어가 우글거리는 강에 억지로 들어가게 해서 죽였다. 수십 세기 동안, 다양한 종류의 동물이 처형에 사용되었다. 죄인은 동물에게 통째로 먹히거나 사지가 손상되어 사망했고 심지어는 깔려 죽기도 했다.

카르타고Carthago와 인도에서는 큰 코끼리가 죄인을 밟아서 산산조각으로 만들었다. 19세기 초의 어느 여행 작가는 그의 저서 《세계 일주》라는 책에서 실론(Ceylon. 지금의 스리랑카)에 있을 때 이러한 코끼리를 사용한 사형 집행 장면을 직접 목격했다고 묘사했다. 코끼리는 코로 사람을 말아 올려 공중으로 던졌고 죄인은 코끼리의 상아 위로 떨어져 상아가 몸을 관통해 사망했다는 것이다. 가장 모욕적인 형벌은 개를 이용한 것이었는데 이는 중

이는 로마의 폭군 시대에 집행된 잔혹한 형벌을 나타낸 그림이다. 그림 속의 여인들은 모두 동물들의 격투장 같은 곳에서 사자나 표범의 먹이가 되었다.

동, 일본, 아프리카, 심지어 유럽에 이르기까지 전 세계에 널리 전파되었다.

스페인 사람들이 외세를 침략하면서 이러한 사형 집행 방법이 각 지역에 전해졌고 실제로 수많은 잉카Inca인이 맹수에 물려 죽었다. 게르만German인은 말에 매달아 죽을 때까지 끌고 다니는 방식으로 여죄수를 처형했다. 메로빙거Merovingian인과 프랑크Francia인도 때때로 이와 비슷한 유형의 형벌을 사용했으며 프랑스의 역사에 이와 관련된 이야기가 기재되어 있다. 아우스트라시아Austrasia 왕조의 여왕이 그녀의 가장 큰 원수인 네우스트리아Neustria 왕조의 클로타르 2세Clotaire II에 의해 이와 같은 형벌을 받았다는 내용인데 역사학자들의 말에 의하면 사지가 찢겨 죽었다고 한다. 사지를 찢는 형벌은 네 마리의 말에 사지를 붙잡아 매서 몸통과 분리

로마의 동물 격투장에서는 많은 죄인들이 맹수의 공격으로 사망했다.

시키는 방식으로 동물을 이용한 형벌에 속한다. 프랑스와 영국에서는 이러한 방식으로 연장자를 죽인 죄인을 처형했다. 인도에서는 통상적으로 말 대신에 소나 코끼리를 사용했고 아시아, 중동 및 아프리카에서는 주로 단봉낙타를 이용했다. 차드Chad공화국의 대통령은 프랑스 정부로부터 파견된 소령 한 사람을 납치해 단봉낙타에 묶어서 프랑스 정부의 인질 석방 요구에 대한 대답으로 삼았다. 키르기스스탄Kyrgyzstan인, 흉노인, 몽고인 역시 오랫동안 죄수를 말꼬리에 붙잡아 매서 처형했다. 유럽에서는 심지어 17세기까지 이러한 유형의 형벌이 존재했으나 지금은 보기 어렵다.

폴란드Poland의 국왕 카시미르Casimir 5세의 젊은 시종은 러시아의 기독교 가정에서 성장한 사람이었다. 그럼에도 폴란드 궁정에서 방탕한 생활을 했는데 어쩌다가 폴란드 귀족의 간통 행위를 목격하는 바람에 발가벗겨지고 온몸에 역청이 발린 채 난폭한 말에 묶이게 된다. 그 말은 흥분해서 잠시도 가만히 있지 않았고 그를 우크라이나Ukraine까지 끌고 갔다. 그 시종은 카자크Kazak인들에게 받아들여진 후 1687년에 전쟁 사령관으로 뽑혔다. 피에르 르그랑Pierre Legrand은 그를 기용하여 국경 수비를 강화할 목적이었으나 결국 그는 카자크인을 배반하고 스웨덴 국왕 찰스 12세에게로 갔다. 그러나 그 후 스웨덴은 대패했고 젊은 시종은 거의 자살하다시피 사망했다. 그의 형 집행 장면은 영국의 시인 바이런Baron Byron에서 빅토르 위고, 오라스 베르네Horace Vernet등 많은 문학계의 거장과 화가를 매혹시켰다.

로마는 세계 어느 나라보다도 서식하는 육식동물의 종류가 많았다. 많은 역사학자들이 로마에서 한 차례 사냥에 나설 때 사용한 동물을 한데 모으면 유럽 최대

무서운 맹수들을 앞에 놓고 많은 죄인은 결투를 벌일 용기조차 내지 못했다.

의 동물원이 될 것이라고 이야기한다. 한 왕조의 건립을 축하하는 행사에서 아프리카에서 공수해 온 9천 마리의 가축을 목을 갈라 살육할 정도였다. 그 중에서 5천 마리는 대중이 보는 앞에서 단 하루 만에 살육당했다고 한다. 역사학자들은 다음과 같이 말했다. "로마는 유럽 대륙의 동물이 처한 상황을 바꾸어 놓았다. 7세기에 이르기까지 원형 경기장에서 죽어간 동물들이 얼마나 되는지 생각하면 정말 아연실색할 수밖에 없다."

흉악하고 잔인한 조류도 처형에 사용되었다. 처형 방법을 궁리해내는 사람들은 대체로 비정상적인 심리를 지니고 있어서 조류조차도 그냥 넘기는 법이 없었다. 조류를 사용한 처형은 제우스Zeus와 프로메테우스Prometheus의 이야기를 통해 엿볼 수 있다. 천상에서 불씨를 훔쳐서 인류에게 많은 도움을 준 프로메테우스는 코카서스Caucasus의 바위에 묶여서 독수리에게 간을 쪼아 먹혔고 영원히 다시 살아나지 못했다.

인도의 원시 사회인 마누Manu 시대의 민법 법전에는 조류를 이용해 형벌을 집행하는 것이 합법이라고 규정되어 있다. 죄인은 종종 어깨나 목 부분까지 땅에 묻혔

고대 그리스 신화에서 인류를 위해 천상의 불씨를 훔쳐 온 프로메테우스는 제우스에게 무서운 징벌을 받았다. 그것은 바로
사나운 날짐승에게 쪼아 먹히는 것이었다.

고 그가 살아 있는 동안에 조류는 그를 실컷 음미할 수 있었다. 말뚝에 묶이거나 십자가형을 당할 때도 죄인의 고통을 더하기 위해 이와 비슷한 상황을 조성했다. 《13세기 이전 인도의 일상생활》의 저자는 이 책에서 다음과 같이 묘사했다. "매우 흉포하고 사나운 날짐승은 죄인들의 머리와 눈알을 쪼아 먹었다. 날짐승의 부리는 비수처럼 날카로웠다." 죽은 상태이든지 아직 목숨이 붙어 있는 상태이든지 간에 죄인들은 밖으로 던져져 사나운 날짐승의 습격을 당해야했다. 동양에서는 독수리, 원앙이나 기타 매서운 날짐승을 사용했고 유럽에서는 부리가 작은 까마귀나 큰 까마귀로 죄인을 습격하게 했다. 처형이 있는 날에는 수천 마리의 날짐승이 상공을 선회했고 그들의 부리는 죄인의 선혈이 묻어 온통 빨갛게 변해있었다. 인류는 다양한 동물을 이용해 자신의 동족인 사람을 도살했다. 위에서 예를 든 동물 외에도 인류는 도마뱀, 뱀, 설치류 동물, 어류 심지어는 곤충도 사용했다.

HISTORY OF PENALTY

목을 가르는 형벌

이는 말 그대로 목구멍을 절단하는 형벌이다. 참수형과 다른 점은 단지 목을 가르는 형벌만 받으면 머리와 몸통이 분리되지 않는다는 점이다. 그러나 두 형벌의 집행 원리는 똑같다. 둘 다 마찬가지로 죄인은 질식이나 과다출혈, 뇌에 혈액이 부족한 증상 때문에 사망하게 된다. 경동맥과 주동맥이 절단되는 것이 사망의 직접적인 원인이다.

목을 가르는 데는 비수가 사용된다. 이 형벌은 고대 로마 특유의 형벌 중 하나였고 그러한 이유로 '로마형'이라고도 불린다. 그러나 우리가 상상하는 것과는 반대로 로마의 형법에는 이와 같은 사형 수단이 규정되어 있지 않았다. 목을 가르는 형벌은 일종의 간이 형벌이라 할 수 있는데 주로 비사법적인 형을 집행하는 데에 쓰였다. 그러나 예외로 원형 경기장에서는 격투 중에 목을 가르는 형벌이 죽음에 이르게 하는 정식 수단으로 사용되었다.

두 명의 투사가 싸우다가 한 사람이 부상을 당해 쓰러지면 그는 상반신을 일으켜 왼손 약손가락을 관중을 향한다. 이는 자신의 패배를 인정하는 손짓인 동시에 관중에게 처형을 너그러이 용서해달라는 부탁이기도 했다. 승리자는 이때 국왕에게 다가가고 원칙대로 국왕은 관중의 의견을 들은 후 실패자의 목을 가를지 아니면 너그렇게 용서할지를 결정한다. 만약 국왕이 엄지손가락을 아래로 내밀면 이는 형을 집행하라는 의미이고 손을 들면 사면한다는 의미였다. 만약 사형이 결정되면 국왕이나 경기장의 주최자가 "목을 가르라!"고 외쳤다.

관중의 의견을 구하는 과정에서 만약 패배자가 단지 부상을 당했을 뿐이라면 그는 반드시 웅크리고 앉아 머리를 지면으로 향하게 하고 손에 든 무기를 바닥에 던져야 했다. 어찌 되었든 그는 다시는 이 무기를 만질 수 없었다. 사형에 처해지기 전에 피정복자와 정복자 사이에는 일종의 특별한 의식이 거행되는데 이는 바로 합심해서 사신을 영접하는 행위이다. 군중이 숨죽이고 지켜보는 가운데

목을 가르는 형벌은 고대 로마 특유의 형벌 중 하나였고 그러한 이유로 '로마형'이라고도 불린다. 이는 말 그대로 목구멍을 절단하는 형벌이다. 참수형과 다른 점은 목을 가르는 형벌을 받을 때는 머리와 몸통이 분리되지 않는다는 점이다. 그러나 두 형벌의 집행 원리는 똑같다. 둘 다 마찬가지로 죄인은 질식이나 과다출혈, 뇌에 혈액이 부족한 증상 때문에 사망하게 된다. 경동맥과 주동맥이 절단되는 것이 사망의 직접적인 원인이다. 목을 가르는 데는 비수가 사용되었다. 그러나 로마 시대에는 목을 가르는 형벌이 주요 사형 집행 수단으로 사용된 적이 없었다.

승리자는 자신의 방패를 던져 버리고 예리한 칼을 가지고 상대에게 다가간다. 상대방은 한쪽 무릎을 꿇고 허리를 굽힌 다음 승리자의 한쪽 다리를 붙잡아 자신의 몸을 지탱한다. 집행자는 상대방의 투구를 꽉 잡고 그의 머리를 붙든 상태에서 예리한 칼로 그의 목 밑을 찌르고 그의 모자 끈을 끊는다.

여기서 알아두어야 할 것은 격투가 유행하던 초기에는 사형을 판결하는 것이 이렇게 임의대로 정해지는 것이 아니라 격투사의 기술과 밀접한 관련이 있었다는

격투의 규칙에 따라 일단 두 사람 중 한 사람이 패하면 승리자는 상대방의 목을 갈라서 자유를 얻을 수 있었다.

사실이다. 피정복자가 목숨을 부지하려면 반드시 격투 중에 용감하고 민첩하게 싸워야했다.

목을 가르는 형벌은 기독교 신도를 처벌하는 데에도 쓰였다. 이와 비슷한 형벌 집행을 당해 죽음을 맞이하고 나서 교회에 의해 성인으로 추앙된 사람들도 있었다.

예리한 칼로 목을 가르는 것은 군대가 전쟁을 할 때 보편적으로 운용되던 형벌 방법이었다. 막시미아누스Maximianus가 지배하던 테베Thebes 군단은 이 형벌을 사용해 한번에 600명을 처형했다. 이 군단은 모두 6천 명이었는데 대다수가 기독교 신자였다. 결정적인 임무 전에 그들은 로마인을 위해 헌신하는 것을 거절했고 이로 인해 국왕은 6분의 1을 골라내 사형시키라는 명령을 내렸다. 그리하여 그들은 반항조차 해보지 못하고 처형당했다.

목을 가르는 형은 무고한 사람에게도 가차 없이 행해졌다. 두 살이 안 되거나 심지어는 그보다 어린아이가 처형된 경우도 있었다. 비잔틴Byzantine과 그 주변 지역에서 유대인 국왕은 이러한 무고한 아이들의 목을 갈라 죽이라고 명령했다. 이렇

자신의 신앙을 지키기 위해 빅터(Victor)는 목을 가르는 형벌을 받아 죽었다.

게 살해된 어린아이 중에 유대인 왕의 친아들이 있다는 사실을 알게 된 어거스트 August는 다음과 같이 말했다고 한다. "아들을 죽이는 것이 무슨 소용이란 말인가, 가장 좋은 방법은 국왕 자신이 죽는 것인 것을."

또한 프랑스 루앙Rouen에서는 기독교 신자들이 집단으로 비수에 찔려 사형을 당한 적이 있었다. 당시 처형당한 사람 중 108만 명이 목이 갈려서 죽었다. 로마 제국이 멸망한 이후, 목을 가르는 형은 갈리아Gallia 지역에 정착하고 있던 민족에게 전파되었다. 이 지방의 왕세자와 영주는 통치 질서를 확보하기 위해 목을 가르는 형벌을 가장 중요한 수단으로 사용기 시작했다.

시간이 흐름에 따라 검은 더욱 길고 무겁게 바뀌었다가 후에 더욱 가볍고 가는 형태로 바뀌면서 목을 가르는 형벌은 점차 사라지게 되었다. 그러나 극소수의 상황에서는 여전히 칼이나 단검을 이용해 목을 갈랐다. 예를 들어 1620년에 이탈리아에서 천주교도들은 바로 이러한 방법으로 500여 명의 신교도들을 살해했다.

아프리카, 아시아, 중미 인디언과 멕시코의 원시 부락 일부에서는 제사를 지낼 때 목을 가르는 형벌을 사용했다. 유럽에서 목을 가르는 형벌은 독립적인 형벌 방식이 아니었고 단지 다른 형벌을 가중시키기 위해 사용되었다. 1525년에 프랑수아 1세^{Fransois I}는 법령을 발표했는데 그 서문에서 종교를 모독하는 자는 목을 가르는 형벌에 처할 것이라고 언급하였다. 그는 죄인의 목을 가른 후 낙인을 찍고 혀를 뽑아 잘라낸 다음 목을 매달아 죽일 것이라고 말했다. 영국에서는 헨리 4세^{Henry IV}가 법전의 초안에서 반드시 목의 상부 밑을 갈라야 하며, 이러한 형벌을 집행하는 사람은 입을 가르고 죄인의 혀를 끄집어낼 수 있다고 규정하였다.

할복

할복은 예리한 칼을 사용해 죄인의 배를 찌르고 그 내장까지 깊게 베는 형벌이다. 로마와 그리스에는 가장 단순한 형태의 할복이 존재했지만 아시아에서는 할복한 후 그 내장을 적출해냈기 때문에 집행 시간이 상당히 길 뿐만 아니라 매우 복잡했다.

페르시아Persian 제국에서는 죄인의 복부를 가른 후 그의 긴 창자를 끄집어냈다. 그런 다음 다시 칼을 사용해서 피부를 가르고 신체의 근육을 제거했다. 4세기 이탈리아에서도 이와 같은 형식으로 할복이 시행되기 시작했고 아리우스파Arianism는 이와 비슷한 방법으로 다른 교파의 성직자를 처형했다. 망나니는 그를 잘 고정시킨 후 그의 창자를 빼낸 다음 윈치에 둘둘 감았다. 마지막에는 그를 토막으로 잘랐다.

종교 전쟁 중에 프랑스, 네덜란드, 독일에서는 신교도들이 천주교도 전용의 할복 대상이 되었다. 그들은 오래전 페르시아 제국의 풍속을 따라 죄인의 내장을 끄집어내어 기둥에 둘둘 감았으며 심지어는 그 배 속을 파내기도 했다.

형벌로써의 할복과 일본식의 할복자살은 밀접한 관계가 있다. 이전에 할복자살

일본인의 할복은 장구한 역사를 가지고 있다. 2차 세계대전에서 패배한 후 많은 일본 군인들은 이러한 방식을 채택했다

은 일종의 형벌이었으나 집행자가 따로 있는 것이 아니라 자신이 직접 집도하는 것이었다. 후에 할복은 점점 자살 형식으로 변천했으며 충성을 증명하고 실추된 명예를 회복하기 위해 시행되었다. '배를 가른다.'는 것은 바로 할복자살을 의미하는 것이고 이는 할복으로 인한 고통을 감내하기로 결정했다는 의미였다. 할복자살을 하는 사람은 한 손으로 전용 칼을 단단히 쥐고 차분하게 자신의 배를 가른 다음 조용히 죽음이 찾아오기를 기다렸다. 이러한 일체의 의식은 훗날 영웅의 상징이 되었다.

12세기부터 사람들은 자신의 배를 직접 가르기 시작했다. 그리고 당시에 할복은 단지 전쟁 집단의 구성원 간에 사용되었다. 15세기에 이르러 할복자살은 왕실 법전에 들어가게 되었고 귀족과 무사들은 자살할 권리가 주어졌다. 그들은 결코

망나니의 도살용 칼에 죽으려고 하지 않
았다.

할복 형을 집행하는 데는 여러 가지 방
법이 있었다. 그 중 하나는 하타모토(旗本
. 에도江戸 시대에 만 석 이하의 녹봉을 받던 무사-
역주)로 이는 대단히 상징적인 의미가 있
는 단어인데 주로 신분이 비교적 낮은 귀
족에게 사용되었다. 자살자는 두 명의 군
관 사이에 있고 그의 앞에는 목도가 놓여
있었다. 그가 몸을 구부려 목도를 쥐려고
할 때 우측에 있는 군관은 그의 머리를
치고 좌측의 군관은 그 목을 대중에게 보
여주었다. 중등 신분의 귀족은 반대로 자
신이 직접 천천히 배를 갈랐다.

자살자가 천천히 칼을 꽂을 때는 통상

전통적인 일본 무사에게 있어서는 굴욕적인 죽음을 맞이하는 것보다
공명정대하게 할복을 하는 편이 더 나았다.

적으로 친구 한 사람을 조수로 두었다. 조수는 앞으로 나아가서 자살자의 목을
쳤다. 신분이 존귀한 귀족은 자신이 천천히 배를 갈랐고 때로는 자신의 목이 잘
리는 굴욕을 피하기 위해 스스로 목을 갈랐다. 할복자살은 시간이 오래 걸리는데
다가 순서도 복잡했다. (1945년 일본이 투항한 이후 전쟁의 주도자들은 45분이나 걸려 자살했
다.) 일본 귀족들은 할복자살을 하기 전에 먼저 배부르게 식사를 하고 나서 자신
의 영혼을 위해 정신을 집중하며 할복자살을 준비했다.

투신

투신형의 관건은 죄인을 얼마나 높은 곳에서 떨어지게 하느냐에 달려 있었다. 통상적인 상황에서 죄인은 암벽이나 높은 건물, 성벽과 같이 지면과 수직을 이루는 높은 곳에 끌려가 공중에 던져졌다. 방법이 비교적 간단해서 사형을 집행할 때 보편적으로 사용되었다.

광범위한 지역과 민족을 비교해보면 투신 형벌은 형의 방식이 아니라 죄인이 마지막에 어느 곳에 떨어지느냐에 그 차이가 있었다. 로마에서는 죄인을 암석이 가득한 숲으로 집어넣었고 반란죄나 절도죄를 범한 죄인은 40미터나 되는 높은 곳에 데리고 가 던졌다. 이집트에서는 죄인을 악어 떼에게 던졌고 그리스에서는 죄인을 돌무더기에 던졌다. 페르시아에서는 죄인을 뾰족한 암석 숲에 던졌는데 페르시아의 국왕이 이러한 방법을 사용해 한꺼번에 만 명의 기독교인을 사형에 처한 일도 있었다. 멕시코에서는 죄인을 물속으로 던져 넣은 후 갈고리로 찔러 죽였다. 또한 신교도의 수령 프랑수아 드 발몽Fransois de Valmont은 그의 사병에게 창을 들고 아래에 서 있으라고 했다. 후에 그의 부장관은 네덜란드와 독일에서 이와 같은 방식으로 형을 집행했다.

투신형을 당해서 죽은 사람 중에 가장 유명한 사람은 아니키우스 보에티우스

Anicius Boethius라고 할 수 있다. 그는 로마의 영웅이었는데 다른 민족이 로마를 침략했을 때 평민 폭동을 주도해 저항한 죄로 투신형에 처해졌다. 또한 야고보는 전통적인 기독교에서 예루살렘의 첫 번째 주교로 인정되고 있는데 어떠한 문헌에서는 그가 예루살렘의 교회 꼭대기에서 던져졌다고 기재되어 있다. 그러나 한편으로는 돌에 맞아 죽었다고도 알려져 있어 사실 여부는 불분명하다.

로마에서 연극은 민법을 위반한 죄인을 처형하는데 종종 사용되었다. 그래서 모든 형벌은 낭만적인 색채를 띠었으며 시적인 의미를 지녔다. 투신형과 다른 형벌도 마찬가

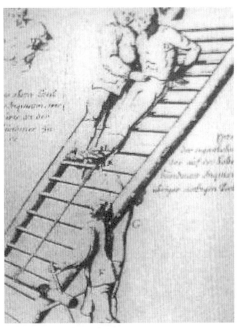

투신형의 관건은 죄인을 얼마나 더 높은 곳에서 떨어지게 하느냐에 달려 있었다. 물론 사막처럼 높은 곳이 없는 지역에서는 이러한 형벌을 집행할 수 없었다.

지로 이러한 연극적인 색채를 가진 오락이 되었다.

어느 역사학자는 다음과 같이 묘사했다. "새벽에는 죄인을 포위하고 사냥하는 장면을 주로 보여주었다. 점심 휴식 때 죄인을 야수에게 던져주는 관행은 없어졌으며 그보다는 예술성에 더욱 집중하게 되었다. 사형 집행이 이미 서민을 즐겁게 해주는 오락이 되어 있었기 때문에 이렇게 예술성을 추구할 수밖에 없었다. 연극을 할 때면 아이들도 보호자를 따라와 원형 경기장의 계단에 앉아 관람했다. 어느덧 주최자의 얼굴에는 엄숙한 미소가 감돌고 도살장은 교훈과 이익을 주는 연극의 장면으로 바뀐다. ……우리는 처형당하는 죄인이 원뿔대 위에서 그의 날개를 펼치고 뛰어내릴까 말까 고민하고 있는 모습을 볼 수 있다. ……결국 그는 설

프랑스의 국왕 루이 7세는 투신형을 집행하라고 명령을 내린 최초의 프랑스 국왕이 되었다. 그는 이러한 특수한 방법으로 상스 신부의 암살자에게 보복했다.

득 당하고……그는 큰소리를 지르며 뛰어내렸고 결국에는 산산조각이 났다."

1146년에 루이 7세는 투신형을 집행하라는 명령을 내린 최초의 프랑스 국왕이었다. 그는 이러한 특수한 방법으로 상스Sens 신부의 암살자에게 보복했다. 《프랑스 도시 역사》에 기재된 바에 의하면 그는 죄인을 성 피에르 성당의 탑 위에서 떨어뜨리라고 명령했다고 한다. 결국 죄인은 성 바르톨로메오Bartholomaeus의 밤에 콜리니Coligny는 여관의 창문에서 떨어져 죽었다. 교황파와 개혁파 사이의 끊임없는 전쟁은 이와 비슷한 많은 투신 사건을 일으켰다.

신교도에게 가장 유명한 단체 투신 사건은 아들라이Adlai 남작이 사람들을 죽이라고 명령한 사건이라고 할 수 있다. 당시에 그는 이미 작위를 가지고 있었고 프랑스 동남부에 봉지를 갖고 있었다. 천주교 신자에게 가장 유명한 것은 베지어Bézier가 투신 형벌을 받은 사건일 것이다.

아사(餓死)

굶겨 죽이는 형벌은 장기간의 감금, 철저한 유기, 수감 등에 수반되는 주요 형벌 수단이었다. 이 형벌은 암흑 속에 가두거나 공기가 점점 부족해지는 곳에 감금하는 방법 및 신체를 움직이지 못하게 하는 방법 등 다른 학대 방법과 함께 사용되었다. 굶겨 죽이는 형벌은 아무런 외상을 입히지는 않지만 영양부족을 일으키는 형벌로 인류의 형벌의 역사상 가장 자유로우면서도 잔인한 형벌이었다.

죄인이 음식을 섭취하는 것을 막기 위해서 사람들은 각종 형태 및 재료의 마스크를 발명했다. 유럽의 많은 나라에서는 이러한 마스크의 용도를 직접적으로 드러낸 '아사 마스크'라는 이름으로 불렀다. 마스크가 죄인의 얼굴에 씌워지고 나면 죄인의 구강 속에는 철로 만들어진 혀를 삽입해서 호흡을 곤란하게 만들었다. 모든 마스크는 목 뒤에 고정되었다. 그런 다음 사람들은 입에 물건이 넣어진 죄인을 막대기나 벽 혹은 철창살에 묶고 그가 죽을 때까지 내버려두었다. 죄인이 사망하기까지는 종종 며칠이 걸렸다.

또 다른 아사 방법은 죄인의 입안에 '공포의 배'라고 불리는 물건을 집어넣는 것이었다. 이는 먹는 배의 모양을 한 철로 만들어진 물건으로 16세기에 출현했다. 용수철이나 나사를 이용해 이 물건을 연 다음 통째로 죄인의 입에 집어넣어서 고함을 치거나 말을 할 수 없게 만들었다. 물론 음식을 먹을 수도 없었다.

공포의 배중에는 가시가 있는 것도 있어서 입속에서 천천히 뒤로 들어가 목구

프랑스의 종교 전쟁 중에 칼뱅 교파의 교도들은 천주교도들에게 "두 명씩 한데 묶어서 굶겨 죽이고 그들이 최후에 서로 잡아먹을 때까지 내버려두라."고 명령했다.

멍을 막았다. 이는 남자끼리 성교를 한 죄인이나 간통을 한 죄인을 처벌하는 데에도 사용되어 항문이나 질을 막는 데 쓰이기도 했었다. 인도와 미얀마에서는 펄펄 끓는 납 물로 죄인의 목구멍과 입을 틀어막았다.

우골리노 게라르데스카Ugolino della Gherardesca는 굶주리는 형벌을 당한 사람 중 하나였다. 그는 역사상 가장 유명한 폭군이었고 이탈리아에서 많은 사람들을 학살했다. 13세기 후반에 그는 우발디니Ubaldini 대주교를 암살할 음모를 꾸몄고 이에 대주교는 그를 구알란디Gualandi탑에 가두어 굶겨 죽이라고 명령했다. 그리고는 탑의 열쇠를 강에 던져버렸다. 탑 속에 갇힌 우골리노는 자신의 아들을 먹기 시작했고 결국에는 대주교에게 굴복할 수밖에 없었다.

또한 10세기 말에 교황이 된 요한 14세John XIV는 자신이 교황이 되는 것을 반대하고 보니파시오 7세Bonifatius VI를 지지한 크레센티우스Crescentius 가문 사람들을 굶어 죽을 때까지 성에 가두었다. 살아남은 크레센티우스 가문 사람들은 후에 보니파시오 7세를 교황의 위치에 올려놓았다.

19세기에 아프리카에는 가해자와 피해자의 시체를 같이 걸어 놓고 가해자가 피해자의 시체와 함께 썩게 내버려 두는 부락도 있었다.

프랑스 종교 전쟁 중에 칼뱅Calvin 교파의 교도들은 천주교도들을 "두 명씩 한데 묶어서 굶겨 죽이고 그들이 최후에 서로 잡아먹을 때까지 내버려두라."고 명령했다.

또한 에트루리아Etruria인에게 함락된 그리스인은 종전에 없던 무서운 형벌을 경험했다. 베르길리우스Vergilius가 서술한 것처럼 독재자는 산 사람을 시체와 함께 묶었다. 산 사람과 시체는 손이 서로 연결되었고 입술이 맞닿아 있었다. 이러한 새로운 형식의 형벌을 받는 사람은 시체의 썩은 피가 스며들면서 천천히 비참한 죽음을 맞았다.

때로는 죄인이 아사 상태로 죽기 전에 만찬을 베풀기도 했는데 이는 진짜 만찬이 아니라 단지 가중 처벌에 불과했다. 디벨Diebel은 엄청난 양의 물을 먹는 형벌을 당했고 그의 적은 음경을 찔러 배설을 하지 못하게 만들었다. 결국 그의 방광은

교황은 자신을 암살하려던 우골리노 게라르데스카를 탑에 가두었고 탑의 열쇠를 흐르는 강에 던져버렸다.

터져버리고 말았다.

어느 그리스인은 똑같은 모양의 작은 배 두 척 사이에 들어가 머리만 내놓는 형벌을 받았다. 집행자는 그를 배불리 먹이고 그의 몸에 꿀과 우유를 발라 파리가 꼬이게 만들었다. 배 안에서 그는 사람이라면 당연히 할 수밖에 없는 일들을 했고 그로 말미암아 그의 배설물에는 파리가 꼬이고 대량의 기생충과 구더기가 번식하기 시작했다. 벌레들은 결국 그의 내장까지 파고들었다. 이 죄인은 굶은 상태에서 체내에 대량의 기생충이 번식해 결국 17일 후에 죽음을 맞이했다. 또한 페르시아에서는 죄인을 배부르게 먹인 다음에 그 항문을 틀어막아 배설물을 밖으로 배출하지 못하게 해서 죽였다.

생매장

생매장은 사람을 산 채로 땅에 묻는 형벌로 어느 시대나 지역을 막론하고 널리 퍼져있던 형벌이다. 기원전 220년에 중국의 진시황제는 자신의 통치 사상에 반대하는 글을 쓴 500명의 유생을 한꺼번에 생매장했다. 잉카Inca의 태양의 성녀는 정결하지 못하다는 이유로 자신의 행동에 책임을 지고 산 채로 매장당했다. 고대 로마에서는 조왕여신을 숭배하는 책임을 위배한 수녀에게 이와 같은 형벌을 내렸다. 그녀들은 모두 6~10세 때 조왕여신에게 바치기 위해 로마 집권자가 최소 30년 동안 모집한 사람들이었다. 이 기간에 그녀들은 완전하게 정결해야 했고 만약 일반적인 규범에 벗어난 행동을 하거나 부주의로 자신이 모시는 불을 꺼뜨리면 죄악의 땅에 생매장 당했다. 조왕신을 봉양하는 수녀들은 로마에 11세기 동안 존재했고 후에 389년에 테오도르Theodore가 제사를 지내는 수녀 제도를 폐지했다. 일반적으로 알려진 것처럼 그녀들 중 상당수가 생매장을 당했고 유명한 제사 수녀도 이 비극적인 결말에서 도망칠 수 없었다.

로마의 건국 역사는 생매장으로부터 시작되었다. 알베르Alber 국왕의 딸은 그 형

중국 역사서의 기록에 따르면 최초로 중국을 통일한 진시황제는 자신의 통치 질서를 유지하기 위해 수백 명의 유생을 생매장했다.

제를 괴롭힌 죄로 조왕신을 봉양하는 수녀가 되었다. 그러나 그녀는 전쟁의 신 마르스Mars의 아이 로물루스Romulus와 레무스Remus를 낳았고 이로 인해 생매장 당했다.

교황 갈리스토 1세Callistus I도 이 형벌을 당했다. 218년에 엄격한 알렉산더의 통치 아래 그는 교황으로 선발되었으나 훗날 우물에 던져졌다. 이어서 사람들이 우물 안에 대량의 벽돌과 기와 부스러기를 던졌고 그는 질식해서 죽었다.

바빌론 왕국에서 통용되던 《함무라비 법전》에는 똑같은 방법으로 복수하라는 조항이 있다. 예를 들어 만약 우둔한 건축가가 집을 무너뜨려 그 집주인을 죽게 했다면 그의 아들이 그에게 반드시 똑같은 징벌을 내려서 산 채로 벽돌에 묻혀 죽게 만들었다.

페르시아인은 극도의 공포를 일으키는 생매장 방식을 고안해냈는데 페르시아의 죄인은 생매장을 당하기 전에 먼저 고공에서 잿더미 사이로 던져졌다. 재는 죄인의 폐로 들어가 질식을 일으켰는데 이는 일반적인 생매장으로 인한 산소결핍보다 더 무서운 상황이었다.

갈리아인과 게르만인은 반역자와 탈주병을 처벌하는 데 생매장을 사용했다. 고트Goth인은 일반적으로 남자들끼리 성교를 한 경우에 생매장을 사용했다. 후에 생매장은 프랑크인에게 전해졌다. 부르고뉴Bourgogne의 국왕 지기스몬트Sigismond과 그의 두 아들은 생매장을 당했다. 그들은 우선 산 채로 우물에 던져졌고 사람들은 나중에 우물을 메웠다. 유대인들도 폭군의 통치 아래 이러한 재난을 당했다.

1530년에 공표된 《카롤리나 법전Constitutio Criminalis Carolina》은 게르만과 중부 유럽 제국 최초의 형벌 법전이다. 이 법전은 일곱 항목의 주요 형벌을 정하고 있는데 그 중 생매장이라는 항목이 있었고 이는 특히 어린아이를 죽인 범죄자에게 사용되었다.

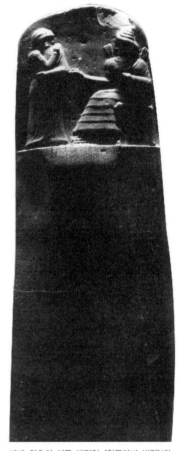

세계 최초의 성문 법전인 《함무라비 법전》에는 보복의 원칙에 근거해 생매장이라는 형벌을 제정했다.

중세 시대의 프랑스에서는 체면을 위해 부녀자를 목매 죽이지 않았다. 여자가 밧줄에 매달려 흐느적거리는 모습을 보는 것은 예의에 어긋나는 일이라고 생각되었기 때문에 여자들은 생매장을 당했다. 사법 사건 기록에서는 여자들에 대한 소송 안건을 적지 않게 볼 수 있었고 결국에는 모두 생매장을 당했다. 성 게르만의 한 사람은 관원의 물건을 훔친 죄로 1420년에 생매장 당했다. 1449년 이후에 부녀자들은 T자형 지지대에 걸렸으나 그들의 치마를 반드시 무릎을 덮는 부분에 잘 묶어야 했다. 종교전쟁 중에는 방법이 간단하다는 이유로 천주교나 기독교 교도들 모두 생매장을 사용했다.

16세기 말에 이르러 생매장은 스웨덴과 덴마크에서도 합법적인 형벌이 되었다. 다른 점은 생매장은 주로 부녀자에게 사용되었고 남자들에게는 수레바퀴형이 사용되었다는 점이다. 생매장은 특히 여자가 살인이나 간음죄를 범했을 때 사용되었다. 가봉, 인도네시아, 솔로몬 제도에서는 19세기까지 생매장이 상당히 유행했고 인도에서는 20세기까지 지속되었다. 어떤 지방에서는 종교적인 풍속에 따라 생매장 당해서 죽어가는 남편의 옆에 부인을 순장시키는 풍습이 있었다. 이와 비슷하게 죽어가는 남편 곁에서 부인을 산 채로 태워 죽이는 종교적인 법규도 있었다.

나치가 통치하는 지역에서도 때로는 생매장을 볼 수 있었다. 이는 주로 저항 운동을 한 사람과 유격대를 처벌하는 데 사용되었고 사람들에게 경고하기 위함이었다. 폴란드와 러시아에서도 이와 비슷한 광경을 볼 수 있었다.

말뚝형

19세기 영국의 《대백과전서》는 끝이 뾰족한 말뚝을 사용하는 형벌에 대해 다음과 같이 정의를 내리고 있다. "인류의 잔인함이 극도로 발휘된 창조물 중 하나이다." 이 형벌 방식은 말뚝을 죄인의 몸에 꽂는 것으로 가장 흔히 볼 수 있는 것은 말뚝을 죄인의 항문에 삽입해 죽게 만드는 방법이다.

비록 이 형벌은 주로 중동과 아시아에서 출현했지만 그 밖에도 세계 각지에서 볼 수 있다. 아프리카, 중부 아메리카, 심지어 유럽, 슬라브 국가와 독일에서도 말뚝을 사용하는 형벌을 시행했다. 《카롤리나 법전》에서는 폭력을 범한 모친에게 이 형벌을 사용하도록 규정하고 있다. 러시아에서는 이 형벌을 엘리자베스 황후가 통치하던 시기인 18세기 중엽까지 사용했다. 그리고 샴Siam과 페르시아, 특히 터키에서는 19세기까지 계속 사용했다. 심지어 1830년에 터키에서는 말뚝형을 사용해 대량 학살을 진행했다.

인도 고대 사회의 종교와 민사에 관한 법전인 《마누법전》은 수형을 7대 극형 중 으뜸이라고 규정하고 있다. 아시리아Assyria의 통치자는 말뚝형을 반란자와 피정복자에 사용했다. 가스통Gaston은 아시리아의 국왕의 예를 들어 다음과 같이 썼다.

이는 중세 시대의 북아프리카 일대에서 반역자에게 일반적으로 행해진 처벌 형식이다. 믿기 어려울지도 모르겠지만 일단 이러한 긴 막대기를 죄인의 항문에 삽입하고 그의 입이나 목구멍을 뚫고 나오게 했다. 죄인은 이러한 상태로 하루 이상을 살게 되는데 진흙탕에서 묵묵히 죽음을 기다리는 모습을 모두가 감상했다.

"오! 시체를 막대기에 걸고 말뚝으로 그 사람을 막대기의 끝까지 들어 올리도록 지탱한다.……나는 남은 말뚝을 하나하나 꿰어 막대기의 주위에 놓을 수밖에 없었다."

페르시아인도 이러한 형벌을 매우 좋아했다. 레오니다스Leonidas와 그의 스파르타 사병 300명은 의거를 일으킨 죄로 결국 말뚝에 꽂히는 운명을 맞이하게 되었다.

말뚝형의 처형 기술은 대체로 세계 각지가 비슷하고 단지 아주 작은 차이점이 있을 뿐이다. 아시리아를 포함한 어떤 민족은 말뚝을 복부에서부터 삽입하고 그런 다음 겨드랑이나 입으로 빼낸다. 그러나 이러한 방법은 그다지 자주 볼 수 있는 것은 아니고 대부분의 경우 말뚝은 항문으로 삽입되었다.

형을 집행할 때는 죄인의 배를 바닥을 향하게 해 반듯이 눕힌 다음에 두 다리를 벌리게 하고 망나니가 잘 고정시켰다. 그리고 양 팔은 작고 뾰족한 막대기로 지면에 고정하거나 등 뒤로 묶었다.

말뚝의 지름이 달라서 어떤 때는 형을 집행하기 전에 확장기를 사용해 항문을 벌리거나 칼로 베었다. 그런 다음 망나니는 들어갈 수 있는 데까지 손으로 말뚝을 집어넣은 다음 쇠망치로 두드렸다.

이러한 단계에서 각 나라의 법전이나 당시의 상황에 따라 집행 과정에 차이가 나타나게 된다. 어떤 때는 말뚝을 50~60센티미터 집어넣고 이를 체내에 완전히 삽입하기 전에 망나니가 말뚝을 세워 바닥의 구멍에 고정시켰다. 죽음에 이르는 과정은 너무나도

말뚝형은 중국 청나라 때에도 출현했다. 그러나 그 조작 방식은 서양과 달랐다.

길었고 죄인은 말로 형언할 수 없는 고통과 학대를 감내해야했다. 이러한 형 집행 방식은 우선 말뚝을 삽입하고 나면 망나니의 개입이 필요 없어지는 특징이 있다. 망나니는 그저 말뚝을 세운 후 말뚝이 조금씩 계속 몸속으로 들어가 겨드랑이 밑, 흉부, 등 혹은 복부를 뚫고 나올 때까지 기다리기만 하면 되었다. 죄인은 거의 며칠이 지나야 죽게 된다. 대부분의 경우 죄인은 며칠 동안 고통을 감수해야 했다.

일반적으로 말뚝이 흉부나 입을 뚫고 나오는 경우에 비해서 배를 뚫고 나오는 경우가 사망에 이르는 시간이 더욱 길었다.

대다수 말뚝형의 집행 과정에서는 목면이 신체의 각 부위를 치는 데 사용되었고 솜씨 좋은 망나니는 말뚝이 입을 뚫고 나오게 만들었다. 죄인 본인의 저항력 이외에도 말뚝 자체가 사망에 이르는 과정이 길어질 것인지 아니면 짧아질 것인지를 결정하는 수단이었다.

경우에 따라서는 끝이 매우 뾰족한 말뚝이 사용되었는데 그러면 죄인은 매우 빨리 사망했다. 말뚝이 몸에 삽입되는 과정에서 뾰족한 끝 부분은 모든 기관을

뚫고 지나가게 되고 이로 말미암아 기관이 손상되어 대량의 출혈을 야기하기 때문에 신속하게 죽음에 이르렀던 것이다. 예를 들어 러시아인들은 뾰족한 말뚝으로 심장을 겨누는 것을 좋아했으나 이는 반드시 성공하리라는 보장은 없었다. 이반 4세는 말뚝형으로 특권 귀족 한 사람을 사형하라고 명령했는데 이 귀족은 말뚝에서 이틀 동안 숨을 헐떡거렸다. 또한 어느 여왕의 연인은 많은 양의 타액을 토해낸 후 말뚝에 12시간 이상 매달려있었다.

페르시아인은 뾰족한 말뚝보다는 둥글게 깎아 만든 원통형의 말뚝을 더 좋아했는데 이는 최대한 신체 기관의 손상을 감소시킬 수 있었기 때문이었다. 원통형 말뚝은 신체에 삽입된 후 뚫고 나오거나 기관을 엉망진창으로 만들지 않고 기관에 꽉 들어찼다. 물론 죽음을 피할 수 없는 건 마찬가지였지만 형의 집행 시간이 길어져서 통상 며칠 동안이나 계속되었기 때문에 형벌을 보는 백성에게 경계가 된다는 점에서 더욱 효과적이었다.

1800년 6월에 솔레이만Solaiman은 이러한 원통형 말뚝에 의해 죽음을 맞이했다. 그는 이집트를 원정하려간 프랑스 군대의 지휘관을 암살했고 프랑스로 돌아와 처형당했다.

이는 아마도 유럽의 역사상 유일하게 말뚝형의 판결을 선고한 사례가 될 것이다.

당시 프랑스의 군사위원회는 군사 법전이 규정한 형벌보다는 정복한 나라의 풍속을 채용하기를 더 즐겨했다. 그리하여 카이로Cairo 학원 앞의 공터에서 프랑스의 망나니가 대중 앞에서 성공적으로 형벌을 집행했다. 그러나 방식은 조금 달랐는데 그는 먼저 칼로 죄인의 항문을 절개한 다음 굵은 철로 된 막대기를 그의 몸에 박았다. 솔레이만은 네 시간 동안이나 발버둥치다가 겨우 사망했다.

이보다 더 좋은 방법을 생각해 낸 나라도 있었는데 그들은 가느다란 철 막대기

영국의 에드워드 2세는 같은 방법으로 자신의 형 집행 사실을 감추었다. 죄인은 마치 자연사한 것처럼 보였다. 유일하게 다른 것은 도구였는데 그가 사용한 것은 빨갛게 달아오른 인두였다.

를 죄인의 신체에 삽입하는 것을 즐겼다. 그들은 우선 가운데가 비어 있는 대나무를 죄인의 항문에 삽입했고 그런 다음에 빨갛게 달군 쇠막대기를 대나무 가운데로 집어넣었다.

영국의 에드워드 2세$^{Edward II}$는 자신이 말뚝형을 집행한다는 사실을 잘 무마시켰다. 보기에 죄인은 그냥 자연사한 것처럼 보였다. 빨갛게 달구어진 쇠막대기는 가운데가 텅 비게 판 쇠뿔 가운데를 통해 체내에 들어갔던 것이다. 프랑스의 역사가 미슐레$^{Jules Michelet}$는 《프랑스 역사》라는 책에서 다음과 같이 기술했다. "대중 앞에 진열된 시체는……겉에는 아무런 상처가 없었지만 죄인이 죽기 전에 지른 절규와 일그러진 얼굴을 통해 무서운 형벌 과정을 짐작할 수 있었다."

동양인은 말뚝형을 일종의 협박 수단으로 사용했다. 포위된 성 아래에서 성의

이반 4세는 '공포의 이반'이라는 별칭이 있었다. 그는 이러한 형벌을 사용해 귀족을 죽인 적이 있었다.

침략자는 말뚝형을 당한 죄인을 끌고 나와 대중 앞에 전시했다. 이는 상대방을 함락시킬 용기를 나타내는 것이었다. 터키인은 특히 이러한 협박을 좋아해서 부다페스트Budapest와 빈Wien의 성 아래에서도 이 방법을 사용했다.

대략 18세기 중엽에 모로코Morocco에서는 유명한 '흑색 군단'이 발생했다. 봉기를 일으킨 사람은 수단에서 팔려온 흑인 노예로 구성되었다. 이 봉기로 수천만의 남자와 여자, 아이가 말뚝형을 당했다.

유럽, 특히 이탈리아에서는 종교 전쟁으로 이 무서운 말뚝형이 유행하기 시작했다. 1669년에 피에몽Piemont에서는 어느 귀족의 딸이 전신이 발가벗긴 채로 몸을 관통한 창에 의해 사망했다. 그녀가 사거리로 옮겨지기 전에 망나니들은 그녀를 머리 위로 치켜들고 그녀가 그들의 깃발이라고 말했다.

1816년에 터키에서는 근위군 반란이 수습된 후 1만 5천 명이 넘는 사람이 사형에 처해졌는데 그중 일부는 목이 잘렸고 대다수는 말뚝형을 당해 죽었다.

피부를 벗기는 형벌

산 채로 피부를 벗기는 형벌은 죄인의 몸 전체 혹은 피부 일부를 벗겨 내는 형벌이다. 이 형벌은 카르디아^{Cardia}, 바빌론, 페르시아에서 특히 자주 볼 수 있었다.

극도로 무시무시한 이 형벌은 주로 칼이나 기타 끝이 날카로운 도구를 사용했다.

피부를 벗기는 형벌의 기원은 고증하기는 매우 어렵지만 고대 이집트에서 유래했다고 전해진다.

고대 인도에서는 산 채로 살갗을 벗길 때 우선 불로 피부를 그을려서 근육에 붙어 있는 피부를 분리했다. 피부를 3분 정도 그슬리면 분리하기에 가장 좋은 상태가 되었는데 이때 죄인은 말로 형언할 수 없는 고통을 받았다.

그리스의 신화에도 산 채로 피부를 벗겨지는 형벌이 나와 있다. 전설 속의 음악가이자 피리의 발명가 마르시아스^{Marsyas}는 아폴로^{Apollo}를 희롱하기 위해 하프를 가지고 음악 경연을 벌였고 진 사람은 이긴 사람이 마음대로 하자는 규칙을 정했다. 아폴로는 그를 이겼고 결국 마르시아스는 소나무에 묶여 피부가 벗겨지는 형벌을 당했다.

산 채로 피부를 벗기는 형벌은 어떻게 진행되는 것일까? 이에 대해 오비디우스Ovidius는 우리에게 상세히 설명해준다. "집행자는 죄인이 아무리 소리를 쳐도 아랑곳하지 않고 그의 피부 전체를 벗겨 낸다. 칼로 한 번 배기만 하면 몸의 여러 곳에서 피가 솟아나기 시작한다. 그의 근육은 완전히 우리 앞에 드러나고 피부를 벗겨 낸 부분에서는 혈관이 뛰고 있는 모습을 볼 수 있다. 그리고 우리는 내장이 박동하는 것을 볼 수 있다. 빛으로 그의 흉부를 비추면 근육 섬유가 쉬지 않고 반짝거렸다."

중국 역사상 최초의 폭군이라고 여겨지는 명나라의 태조 주원장朱元璋은 피부를 벗겨 내고 풀을 집어넣는 형벌을 만들어냈다. 이는 살아 있는 사람의 피부를 가른 후 그 사이에 풀을 집어넣는 방법으로 횡령한 관사를 징벌하는 데 주로 쓰였다.

아시리아의 국왕은 다양한 형벌로 반역자와 피정복자를 처형했다. 그들 중에 한 사람은 지위가 높은 사람의 피부를 벗겨 내고는 그것을 기둥을 감싸는 데 사용하였다.

가스통은 《고대동방민족사》에서 직책을 더럽힌 페르시아의 법관이 산 채로 피부를 벗기는 형에 처해졌고 그런 후에 그 피부를 계승자의 증언석 앞에 깔았다고 이야기했다. 이와 비슷한 예로 어느 국왕이 법관을 임명할 때 부친의 피부가 덮인 자리에 앉으라고 명령한 적이 있다고 한다. 그의 부친은 법관이었는데 어느 안건의 심리를 맡았을 때 불공정한 판결을 내린 죄로 피부를 벗기는 형벌에 처해진 것이었다. 또한 간통을 범한 여자도 이렇게 무서운 최후를 맞이해야 했다. 3세기에 페르시아의 국왕 사피Safi는 다른 나라의 국왕에게 실컷 고통을 가한 다음에 산 채로 피부를 벗겨서 처형했다. 사피는 그의 피부를 붉은색으로 물들여 사원 앞에 걸어놓고 마치 사냥한 짐승의 가죽처럼 자랑스러워했다.

고대 로마 제국에서도 비슷한 형벌을 사용했는데 기독교 순교자들 중에도 이런 형벌을 당한 사람이 적지 않다. 로마에서는 통상 머리나 얼굴 부위의 피부만을 벗겼다. 나중에는 미국과 캐나다의 인디언도 적들의 머리 피부를 벗기는 형벌을 사용했다. 이렇게 하면 선한 신이 그들의 머리를 잡아 아메리칸 인디언의 천당으로 데려간다고 믿기 때문이었다.

마니교의 창시자는 3세기 말에 페르시아 국왕에 의해 산 채로 피부가 벗겨지는 형벌을 당했다. 게다가 페르시아인은 산 채로 피부를 벗기는 동시에 그것을 재단하는 데 능숙했다. 그들은 피부를 가느다란 끈으로 자르거나 작은 원형 조각, 조각, 혹은 직사각형으로 잘라내었는데 이렇게 잘라낸 피부로 폭이 좁고 긴 고리 모양의 끈을 만들어낼 정도로 높은 수준의 형벌 기술을 보유하고 있었다.

그들은 신체를 목 부분에서 시작해 각 부분의 피부를 각각 5~10센티미터 넓이의 둥근 고리로 잘라내었다. 피부 중에서 가장 넓은 부위는 흉부와 둔부의 피부로, 이를 벗겨 낸 후 죄인의 두 다리 주위에 놓아두었다. 성 바르텔르미Saint-Barthélemy도 바로 이러한 방법으로 피부가 벗겨졌다.

중세 유럽에서는 산 채로 피부를 벗기는 형벌이 그다지 많이 행해지지는 않았다. 그중 가장 무섭기로 유명한 것은 기돈Guidone이라는 궁수로, 1199년에 그와 경비 부대 전원은 어느 성루에 주둔해 있었는데 그 성의 영주는 화살에 맞아 사망하기 일보 직전이었다. 결국 성루는 영국인에게 점령되었고 모든 경비 부대는 교수형을 당했으나 기돈만은 영국으로 보내졌다. 편년체 역사서에는 "그는 마치 동물처럼 가죽이 벗겨지고…… 예리한 칼날이 그의 피부 밑을 자유자재로 움직이고 다녔다. 그의 피부는 큰 조각으로 잘린 다음 붉은 띠로 재단되었다"라고 기재되어 있다.

프랑스에서 역사학자들은 피부를 벗기는 형벌을 당한 예로 통상 두 가지 경우를 든다. 하나는 어느 형제에 관한 것으로 그들은 마가렛Margaret과 프랭크Frank라는 사람들의 허황된 행동에 참

마니교의 창시자 마니는 3세기 말에 페르시아의 국왕에 의해 산 채로 피부가 벗겨지는 형벌을 당했다.

가한 죄로 1314년에 피부를 벗기는 형벌을 당했다. 그 후에 자루에 넣어져 센 강에 던져졌다고 한다. 또 다른 예는 1317년에 어느 주교가 교황의 모살을 기도한 죄로 아비뇽Avignon에서 산 채로 피부를 벗기는 형벌을 당한 것이다. 그런 후 네 마리의 말이 그의 사지를 잡아당겼고 결국 분리된 사지는 불 속에 던져졌다.

가장 유명한 사건은 샤를 6세와 샤를 7세가 재위하던 시기에 약탈을 하고 다니던 군사 집단에 의해 일어났다. 그들은 프랑스 전체를 휩쓸고 다녔는데 구성원 모두가 사악한 폭력범이었다. 그러나 그들은 피부를 벗기는 형벌보다 목을 가르는 형벌을 더욱 좋아했다.

16세기에 터키인도 산 채로 피부를 벗기는 형벌을 사용했으나 금방 자취를 감추었다. 그러나 1517년에 무스타파 장군이 키프로스Cyprus의 어느 성에서 10개월간 저항한 끝에 사로잡힌 적들을 징벌하기 위해 적의 장교 전원을 산 채로 피부를 벗겨 내는 일도 있었다.

1768년에 선포된 오스트리아의 《테레지아 법전Constituio Criminalis Theresiana》에는 피

중국 칭장青藏 고원의 농노들은 종종 엄격한 형벌을 받아야했다. 피부를 벗기는 것은 농노주의 수단 중 하나였다. 위 그림은 벗겨 낸 사람의 피부이다.

부를 벗기는 형벌에 대한 조항이 있다. "가슴의 한쪽은 길게 재단하고 그런 다음 등 부분의 왼쪽, 마지막으로 등 부분의 오른쪽을 벗겨 낸다."

실제로 피부를 벗기는 형벌은 이미 수 세기 전에 사라졌다. 그러나 수집가들은 줄곧 사람의 가죽을 찾아다녔다. 19세기 말에 열린 인류 해부학 전시회에서 통째로 벗겨 낸 피부가 전시된 적이 있었는데 이는 참수형에 처해진 죄인의 것이었다. 또한 나치는 그들이 살해한 사람의 몸에서 피부를 벗겨 내어 그 중 문신이 새겨져 있는 가죽을 수집했다. 어떤 게슈타포Gestapo는 사람의 가죽을 이용해 책 포장, 전등갓, 종이를 대는 판, 혹은 새로운 예술품을 조각하는 데에 사용했다.

토막형과 능지처참

우선 우리는 능지처참과 토막형이라는 두 가지 형벌을 분명하게 구분해야 할 필요가 있다. 토막형은 신체의 살을 한 덩어리씩 잘라내는 것이고 능지처참은 확실하게 사지를 칼로 잘라내는 것을 의미한다.

능지처참

어떤 경우 죄인의 사지의 한 부분 혹은 몇 부분을 잘라낸 다음에 죄인을 교수형이나 화형에 처하기 위해 끌고 갔다. 또 다른 상황에서는 사지를 4등분으로 나누었고 이에 죄인은 자연히 죽게 되었다.

이 형벌에 관해 페르시아인은 기발한 방법을 생각해냈다. 그들은 우선 손가락부터 잘라내기 시작했다. 그런 다음 손을 잘랐고 이어서 다리, 복사뼈, 귀, 코를 잘라냈다. 그리고 마지막으로 머리를 베어 확실하게 죽였다. 중세 시대의 스페인과 이탈리아에서도 이와 비슷한 방법을 사용했다. 1308년에 이탈리아에서는 이러한 방법으로 마가렛이라는 여자를 처형했는데 그 이유는 마가렛이 자신이 성령의 아

말을 이용해 사지를 찢는 유럽의 방식. 중국과 비교해 말 한 마리가 적었다.

이를 임신했다고 말했기 때문이었다. 그녀의 몸은 산 채로 몇 부분으로 잘렸다.

고대 이집트의 형벌 법전에도 손이나 발, 코와 귀를 자른 후 죄인을 배에 가두어 물로 흘려보낸다는 규정이 있었다.

고대 중국인은 일정 기간 동안 능지처참을 사용했으나 후에 그것이 소용이 없어지자 토막형으로 바꾸었다. 그들에게 있어서 토막형은 더욱 고통스럽고 정교한 형벌이었다.

금세기에 터키의 군관은 마케도니아^{Macedonia}에서 이러한 방법으로 피비린내 나는 학살을 자행했다. 그들은 죄수를 산 채로 토막 냈고 많은 사람이 이렇게 잘린 인체 조각 앞에서 기념사진을 찍었다.

나폴레옹 법전에도 이러한 형벌을 사용해도 된다는 규정이 있었다. 1832년이 되어서야 프랑스는 손을 자르는 형벌을 완전하게 폐지했다. 루이 18세 때 번역을 꾀한 세 명의 죄인은 우선 두 팔이 잘린 다음 마지막으로 단두대에 올랐다.

매춘을 주선한 사람은 다리를 잘랐고 신성을 모독한 사람은 혀를 잘랐다. 또한 도둑은 손을 자르거나 눈을 뽑았고 강간범이나 성범죄를 저지른 사람은 생식기를 잘랐다.

신체의 일부분을 잘라 내는 것은 단지 형벌에만 그치지 않고 승리를 거둔 후 패

다른 지역과 비교했을 때 고대의 페르시아인은 능지처참에 독특한 형식을 가지고 있었다.

배한 적에게도 사용되었다. 비잔틴인은 알바니아인에게 그리고 페르시아인은 그리스인에게 이러한 처형 방법을 사용했고 그 수는 일일이 다 셀 수 없을 만큼 많았다. 테오드르Theodore가 기재한 바에 따르면 페르시아인에게 대패한 후 노예로 전락한 그리스인 800명은 모두 알렉산더 앞으로 끌려가 손이나 다리가 잘렸다고 한다.

2차 세계대전 후에 한 작가는 자신이 어떤 인물을 방문했을 때 그의 사무 책상 위에 놓인 바구니 안에 20킬로그램에 달하는 사람의 안구가 들어 있는 것을 직접

키오스 섬의 학살 The Massacre at Chios

외젠 들라크루아Eugene Delacroix의 작품. 터키는 아르메니아Armenia인을 겨냥한 대학살에서 각양각색의 비참한 형벌을 사용했다.

목격했다고 이야기했다. 실제로 크로아티아의 독재자는 9세기 전의 중동의 황제 바실리우스Basilius 2세의 방식을 모방해 적어도 1만 5천 명 이상의 불가리아인에게서 안구를 뽑아냈다.

능지처참은 세계 각지에서 보편적으로 사용되었다. 아시아, 중동, 아프리카, 유럽에 이르기까지 모든 민족이 능지처참을 사용했다.

프랑스에서는 오랫동안 법관의 판결에 따라 참수형에 처한 죄인을 절단해 대중 앞에 전시했다. 17세기 말에 이르러 이러한 방법은 철저하게 폐지되었으나 영국에서는 18세기 말까지 계속되었다. 1820년에 영국에서는 "죄인의 시체를 반드시 네 등분으로 나누라."는 피비린내 나는 법전 규정이 반포되었다. 프로이센Prussia에서 1847년에 반포된 형벌 법전에는 죄인의 시체를 잘라서 대중에게 보여주라는 규정이 있었다.

토막형

이러한 형벌 방식은 사람의 몸 전체나 일부분을 한 덩어리씩 잘라내는 것이 관건이다. 죄인의 살을 한 덩어리씩 도려내어 결국에는 사망에 이르게 하는 것이다.

특히 아시아와 중동의 민족이 이러한 방법을 선호했다. 16세기 말에 헨리 8세의 피비린내 나는 통치 아래 있던 영국에도 왕실에서부터 토막형이 전래되었다. 그들이 로마와 절교한 이래 영국의 영주들은 천주교와의 전쟁에서 종종 이러한 형벌을 사용했다. 그리고 많은 민족에게는 그들 고유의 토막형 집행 방법이 있었다. 페르시아인과 롬바르디아Lombardia인은 이 형을 집행할 때 우선 내장을 적출해냈다. 타타르Tatar인은 대패를 사용해 근육의 상처를 두껍고 길게 잘라냈으며 압바시드Abbasid 왕조의 제5대 칼리프

중국의 토막형

그리스를 정복한 후 압바시드 왕조의 제5대 칼리프는 잔혹한 토막형으로 적과 반역자를 처단했다.

caliph는 제국의 적들에게 토막형을 시행하기 전에 종종 뼈를 발라내는 순서를 추가했다. 근육을 찢어내기 전에 우선 사지에 상처를 내어 뼈를 발라내었고 죄인은 마치 톱밥으로 채워진 인형처럼 각각의 관절이 절단되었다.

로마인은 여성을 토막형에 처할 때 통상적으로 먼저 두 유방을 파냈고 남성을 토막형에 처할 때는 먼저 생식기를 잘랐다. 기독교 순교자들도 토막형을 당한 사례가 많았다.

영국의 오래된 법전에는 사형이 확정된 죄인을 산 채로 심장과 다른 장기를 도려낸 다음 끓는 물에 던져 익히라는 규정이 있다. 이러한 형벌은 비록 오랫동안 사용되지 않았지만 19세기 초의 형벌 조항에도 포함되어 있었다.

그러나 토막형의 진정한 창시자는 중국인이었다. 중국인은 토막형을 최고의 경지에까지 발전시켰다. 그들은 심지어 이를 예술이라고 불렀고 토막형의 집행 방법을 상세하게 규정했다.

19세기 말의 어느 프랑스 대사는 자신이 직접 목격한 토막형에 관한 설명을 남겼다. 그는 "습관에 따라 우선 두 유방과 흉부의 근육을 도려낸 후 두 팔의 바깥 부분과 둔부 앞부분의 근육을 도려냈다. 그런 다음 순서에 따라 신체 다른 부위의 근육을 제거했다. 피가 뚝뚝 떨어지는 살덩어리는 이 형에 전문적으로 사용되는 버드나무 가지로 만든 바구니 안에 쌓여갔다. 몇 시간 후 죄인이 사망할 때 그의 관절은 이미 다 잘린 상태였다."

형이 집행되기 시작하면 망나니는 매우 교묘한 솜씨로 칼을 움직여 죄인의 울대뼈를 도려내서 소리를 지르지 못하게 했다.

수많은 죄인이 대중 앞에서 토막형을 당했고 심지어 20세기 초에도 마찬가지였다. 1926년에 독일의 범죄학자 로베르트 헨델Robert Handel은 본인이 직접 목격한 장면을 다음과 같이 서술했다. "형을 집행하는 과정에서 관중은 태연자약하게 담소를 나누고 있었다. 그들은 담배를 피우거나 과일을 먹기도 했다."

또 다른 증인 헨리 노만Henry Norman은 1926년보다 더 이른 시기에 이러한 광경을 목격한 사람이었다. "형을 집행하는 장면은 죄인의 복사뼈가 피에 잠길 때까지 끊임없이 계속되었다. 관중은 흥분해서 크게 고함을 질렀다. 잘린 머리는 마치 고무공처럼 바닥에 뒹굴었고…… 망나니의 무릎 아래는 전부 피로 붉게 물들었고 두 손에는 핏방울이 뚝뚝 흘렀다."

어떤 민족은 살아 있는 신체를 해부하기도 했다. 즉 사형수의 몸을 직접 해부한 것이다. 어떤 의학 논문에 따르면 고대 이집트 법전에는 알렉산더의 어의가 사형수를 그의 의학 연구에 쓸 수 있도록 허락하는 규정이 나와 있다고 한다. 19세기에서 20세기 초까지 일본의 의사들은 인류의 저항력을 이해하기 위해서 사형수에게 각종 잔혹한 형벌을 가했다. 또한 나치의 의사들은 모든 방법을 동원해 죄인을 각종 연구에 사용했다. 1952년 출판된 《옛날에 대한 회고》라는 책을 보면 어떤 관원이 이전에는 시체만을 해부했었지만 이번에는 죄인의 살아 있는 신체를 해부하고 싶다면서 어차피 해부하면 죽을 테니 넘겨 달라고 요구한 기록이 나와 있다.

몸이 부서지는 형벌

몸이 부서지는 형벌은 고대에 상용되던 형벌 중의 하나였다. 그중에서도 특히 수레바퀴를 사용하던 시기에는 신체가 갈기갈기 찢어지기도 했다. 고대의 수레바퀴 형벌과 중세 시대 및 1789년 이전 왕조의 수레바퀴 형벌에는 큰 차이점이 있는데 후자는 죄인을 산 채로 두 조각을 냈고 수레바퀴는 단지 시체를 진열하는 데에만 쓰였다.

그러나 고대 시대에는 수레바퀴 자체가 몸을 부수는 역할을 했다.

수레바퀴의 지름은 다양했다. 한쪽에 달린 손잡이를 이용해 움직이면 수레바퀴는 중간의 축을 중심으로 회전하게 되는데 어떤 때는 손잡이를 돌리기 위해 몇 사람이 동원되기도 했다.

수레바퀴의 특징은 바퀴의 폭에

원시 사회에서는 사람들이 인체를 분해한 후 식용으로 사용하기도 했다.

중세 시대 유럽에서는 수레바퀴형이 종교 법정이 보유한 가혹한 형벌 중 하나였다.

따라 결정되었다. 한 사람이 그 위에 평평하게 누울 수 있는 정도가 알맞은 폭이었다. 일반적으로 우선 죄인의 다리를 고정시킨 후 그의 몸을 펴서 두 팔과 머리를 들어 고정시켰다. 이렇게 하면 바퀴의 곡선이 완전히 인체의 곡선과 부합하게 된다. 죄인의 전신은 뒤로 구부러져 활의 형태를 띠게 되고 각도는 수레바퀴 자체의 각도에 맞춰졌다.

죄인은 알몸이었고 바퀴가 회전할 때마다 지면에 고정된 철 바늘이 그의 살을 할퀴었다. 몇 바퀴 돌리고 나면 죄인은 거의 갈기갈기 찢어진 상태가 되었다.

또한 지름이 비교적 작은 바퀴는 바퀴 자체에 가시가 달려 있었으며 한 바퀴 돌 때마다 죄인은 타고 있는 숯불 위에 닿았다.

막시민은 수레바퀴형을 이용해 열아홉 살이었던 성녀 캐서린Catherine을 처형하라고 명령했으나 수레바퀴가 고장 나서 결국 목을 잘라 죽였다는 기록이 있다. 한 신부는 《성인의 생활》에서 다음과 같이 묘사했다. "막시민은 수레바퀴형을 선고해 성녀를 죽이려고 했다. 수레바퀴에는 칼과 철로 된 바늘이 가득했다. 그러나 막상 망나니가 캐서린을 묶고 바퀴를 움직이려고 했을 때 바퀴가 고장 나 버렸다."

몸이 부서지는 형벌은 때로 망나니가 쇠갈고리를 사용해서 집행하기도 했다. 터키인은 16세기와 18세기에 이러한 방법으로 형을 집행하는 것을 좋아했다. 우

로마 황제 막시민은 수레바퀴형을 이용해 캐서린을 처형하라고 명령했으나 그녀는 죽지 않았고 결국 대중 앞에서 참수형을 당했다.

선 죄인을 판자나 평평한 대 위에 눕히고 그의 몸을 쭉 편 다음 사지를 잘 묶어 고정시킨다. 그러고 나면 망나니가 쇠갈퀴 혹은 끝 부분에 쇠갈고리가 달린 갈고랑이를 사용해 순서에 따라 그의 쇄골과 견갑골 위의 살을 때렸다.

중동 사람들과 아시아 사람들은 이러한 형벌을 자주 사용했다. 소아시아의 오래된 나라 리카오니아Lycaonia의 사람도 쇠갈퀴에 죽임을 당한 적이 있었는데 그들은 내장이 다 튀어나올 정도로 가혹하게 처형당했다.

로마에서는 4세기까지 많은 기독교 신자들이 쇠갈고리에 죽임을 당했다. 4세기 이후 이러한 형벌은 완전히 소멸되었다. 다치아노Dacian는 이 형벌을 이용해 기독교 신도를 처형하라는 명령을 내린 다음 철책에 집어넣어 그의 뼈를 부서뜨려 죽였다.

압살(壓殺)

압살은 매우 강한 힘으로 골격, 머리와 허리, 폐 및 심장과 같은 주요 기관을 찍어 눌러 사망에 이르게 하는 것이다.

압살은 다양한 형태가 있는데 대체로 3가지 종류로 나눌 수 있다. 첫째는 고정된 무거운 물건을 이용해 압사시키는 것이고 둘째는 죄인을 가운데에 놓고 양쪽에서 동시에 힘을 주어 점점 죄인이 받는 힘을 가중시키는 것이다. 마지막으로 셋째는 유용한 물건을 이용해 죄인을 분쇄시키고 갈기갈기 찢는 방법이다.

초기 게르만인은 상대방을 징벌할 때 압살을 사용하는 것을 좋아했다.

무거운 물건을 사용한 처형

압살을 시행할 때는 죄인을 바닥에 눕힌 다음 그의 몸 위에 무거운 물건을

사비니인의 부녀자들은 자주 로마인에게 수탈당했다. 만약 이러한 부녀자들이 복종하지 않으면 엄격한 징벌을 받았다.

올려놓았다. 일반적으로 돌이나 기둥, 대리석 혹은 쇳덩어리를 사용했다. 타르페야^{Tarpeja}라는 여인이 금으로 된 팔찌를 얻기 위해서 이전에 성을 포위했던 적군인 사비니^{Sabini}인에게 캐피틀^{Capitol} 성을 넘겨준 일이 있었다. 일설에 의하면 그녀가 원수의 수령을 사랑하게 되었기 때문에 성을 넘겨주었다고도 한다. 어찌 됐든 결국 사비니인은 그녀를 죽여 버렸다. 그들은 그녀를 꼬여내면서 만약 동족을 배반하고 성을 넘겨주면 자신들의 왼팔에 장식한 모든 장신구를 그녀에게 주겠노라고 약속했다. 그녀는 그들의 금은보화에 미혹되어 동족을 배신하고 적에게 투항한다. 그러나 성을 쳐부수고 나자 사비니인은 그들의 왼쪽 팔에 걸친 모든 장신구로 그녀를 압사시켰다.

《순교기》에 따르면 여러 시대에 걸친 박해 속에서 많은 기독교 신도가 압살을 당해서 죽음을 맞이했다고 한다. 고대의 서적에는 압살을 당한 사람의 기록이 있는데 사람들이 그를 기둥에 매달자 8명의 건장한 남자들이 거대한 돌을 들고 와 그의 배 위에서 굴려서 처형했다.

로마와 이집트에서는 사형을 집행하기 전에 종종 죄인의 몸에 가시를 꽂은 다음에 거대한 돌로 몸을 눌렀다. 이렇게 하면 가시가 죄인의 몸속에 박히게 된다. 다윗David의 통치 아래 있던 히브리인도 이와 같은 방법을 사용했는데 원형 경기장에 모인 관중은 암석이 높은 곳에서 굴러떨어져 죄인을 으스러뜨려 죽게 만드는 장면을 구경하곤 했다.

아프리카에서는 19세기까지 많은 민족이 이러한 형벌을 사용했다. 어느 지역에서는 거대한 돌을 두 개 세우고 죄인을 그 사이에 산 채로 끼워서 압박해 죽였다고 한다.

그리스인, 로마인, 게르만인은 조금 다른 방식을 즐겨했다. 바로 몸을 으스러뜨리는 동시에 갈기갈기 찢는 방법이었다. 그들은 묵직한 목재로 된 대형 원판을 사용했는데 원판의 한쪽 면에 쇠못을 박았다. 그들은 죄인을 바닥에 눕히고 고정시킨 다음 말이 끄는 기계를 왕복시켜 깔아뭉갰다.

로마인은 시리아인의 방법을 모방해서 특별한 마차를 발명했다. 마차의 바퀴는 특히 넓고 무거웠으며 그 표면에는 쇠갈고리와 면도칼이 가득했다.

이 마차는 죄인을 천천히 뭉그러뜨리면서 왔다 갔다 했는데 바퀴는 절대 한 번에 사람을 깔아뭉개지 않아 고통 받는 시간이 더 길었다. 이집트인은 죄인을 커다란 통에 넣은 다음 돌로 된 방망이로 두드려서 죄인이 형체를 알아볼 수 없을 정도로 만드는 방법을 즐겨 썼다.

페르시아에서는 죄인을 돌로 만든 포도나 올리브를 짜는 압착기에 집어넣어 사형시켰다.

게르만의 초기 법전에는 압살이 법이 정한 형벌의 종류 중 하나였다.

압사

이러한 형벌의 관건은 천천히 죄인을 압사시키는 것으로 일단 시행되면 결국 죄인의 몸은 원래의 형체를 알아볼 수 없을 정도로 완전히 망가진다.

가장 흔하게 볼 수 있는 것은 죄인을 원형의 돌절구 사이에 넣는 방법이었다. 때로는 이러한 장치의 두 받침대를 각각 반대방향으로 회전시켜 처형했다. 이전의 카르타고Carthago, 실론, 인도에서는 코끼리를 사용해 죄인을 압사시켰고 이러한 집행 방식은 18세기까지 계속되었다. 다만 이들은 죄인의 몸 전체를 코끼리의 발에 밟히게 하는 것이 아니라 단지 그의 머리만 코끼리의 발굽 밑에 놓았다.

이러한 압사 방법의 장점은 힘을 조절해서 단번에 죄인을 죽게 하지 않는다는 점이다. 때로는 죄인의 몸에 예상치 못한 상황이 발생하기도 했다. 압

중국의 주릿대

조련사의 손안에서는 한없이 온순한 코끼리도 살인 도구가 될 수 있었다.

사는 죄인을 괴롭히는 수단이 되었고 신체의 각 부분에 사용되었다. 그리고 '주릿대'라고 불리는 형구가 있었는데 이는 네 토막의 나무를 가지고 우물 정#자 모양을 만드는 것이다. 이는 죄인의 다리를 묶은 밧줄이 꽉 조이는 힘을 이용해서 인대와 복사뼈에 압박을 가해 손상시키고 심지어는 끊어지게 만들었다. 주릿대는 다른 위치에 놓을 수도 있었다. 가장 흔히 볼 수 있는 것은 두 다리를 4개의 판 사이에 끼우고 두 개의 판을 안으로 한 다음 쇠망치로 가운데의 두 판 사이에 쐐기를 박는 방식으로 이때 압력 때문에 뼈와 살은 산산조각이 났다. 1789년 전까지 프랑스는 줄곧 이러한 방법을 사용했다.

머리를 부수는 형벌 인도에서는 죄인의 머리를 부수는 형벌을 사용했다. 흔히 알고 있는 것처럼 그들은 코끼리의 다리를 이용해 형을 집행했다. 또한 중세 시대의 유럽, 특히 독일 북부에서도 머리를 부수는 형벌을 종종 볼 수 있었다.

이 형벌에 사용되는 도구는 매우 간단하다. 죄인의 턱 안에 깃대를 놓고 죄인의 두개골 상부에 쇠로 만든 아치형 꼭대기를 장치한 다음 철사를 이용해 아치형 꼭대기를 조금씩 압박하는 것이다. 한번 돌리면 치아, 잇몸이 완전히 부서졌고 이어서 광대뼈와 두개골이 부서져 두개골 안의 내용물이 전부 흘러나왔다.

화형

화형은 인류 역사가 시작되면서부터 있었던 형벌이라고 할 수 있다. 일상적인 법률에서 결코 빼놓을 수 없는 형벌이며 구두나 서면에 의해 전해져 내려왔다. 가장 원시적이고 낙후된 민족의 역사에도 화형은 존재한다.

그 유명한 《함무라비 법전》에는 당시의 통치자가 화형, 익형, 교수형을 3대 형벌로 들었다고 나와 있다. 《마노 법전》은 인도의 일부 종교와 세속의 법전인데 여기에서는 화형을 7대 형벌 중 하나로 들고 있다. 소아시아의 강대한 민족 중 하나인 히타이트^{Hittite}인의 법전에는 화형이 가장 중요한 제재 수단이라고 나와 있다. 《성경》에는 유대인 최초의 법률에 신성모독죄와 중혼죄를 범한 사람에 대해 화형을 시행하라는 규정이 있었다고 나와 있다.

템플 기사단의 기사가 종교 법정에서 사형을 당할 때는 반드시 약한 불을 사용해 고통을 오래 지속시키라고 명령했다.

Verbum & Opera Meditabor.

CHRISTIANVS PHILOSOPHVS

코페르니쿠스의 지동설을 선전한 이유로 이탈리아의 과학자 브루노는 종교 법정에서 화형을 선고받았다.

기원전 6세기 아테네Athene에서 최초로 법전을 제정한 드라곤Dragone의 법률 조문은 융통성 없고 가혹하기로 유명하다. 이 법전에도 화형으로 중죄를 범한 죄인을 처형하라고 규정되어 있다. 이집트인, 로마인, 스키타이Scythian인, 고어인 및 고어를 침략한 모든 외부 민족은 모두 화형을 좋아했다. 또한 잉카인에게도 이러한 규정이 있었다고 한다. 만약 태양의 성녀의 가족 구성원이 명령을 지키지 않으면 불태워 죽였다. 이렇듯 화형과 수형은 거의 전 세계 공통이라 할 수 있을 정도로 빈번하게 사용되었다. 많은 역사학자들은 이 현상이 종교에서 기인한다고 보고 있다. 불은 물과 마찬가지로 불결한 요소를 제거하는 역할을 하며 또한 형의 마지막 단계에서는 종종 제사 의식이 수반되었다. 이러한 수신修身의 관념은 18세기까지 계속되었는데 역사적으로 봤을 때 피정복자, 성범죄자, 마녀, 이단자 등 신앙과 관련된 범죄를 범한 사람은 모두 화형에 처해졌다.

또한 화형은 집행하는 법관에 따라 매우 다양하고 구체적인 형식을 띠었다.

가령 고어인은 죄인을 거대한 버드나무 광주리에 가두고 불을 붙여 전부 태워버렸다. 19세기 일본에서도 이와 비슷한 방법을 사용했는데 그들은 죄인을 가둔 바구니를 이글이글 타고 있는 숯불 위에 던져버렸다. 죄인이 아무리 소리를 지르며 뛰어다녀도 바구니에서 빠져나오지 못하기 때문에 이러한 형벌은 더욱 무섭게 생각되었다.

일설에 의하면 스키타이인의 형벌 집행 방식은 매우 독특했다고 한다. 그들은 거짓된 예언가와 죄를 범한 성인을 땔감이 가득 쌓인 달구지에 던졌다. 일단 불이 붙으면 달구지 전체가 타올랐고 이에 놀란 소는 불길을 피하기 위해 광분해서 도시 전체를 휩쓸고 다닌다. 이는 성직의 책임이 있는 사람이 죄를 저지르면 어떠한 말로를 맞이하게 되는지를 보여줌으로써 시민들에게 경고하기 위해서였다.

독일의 판화: 이교도의 화형

고대에 시행된 대다수의 화형에는 수지樹脂를 바른 나무가 사용되었다. 그리스인은 네모난 목재를 좋아했으며 일반적으로 삼나무, 소나무, 물푸레나무 등을 사용했다. 이는 로마에서도 마찬가지였으며 로마인은 사다리꼴 모양의 목재를 더 선호해서 이탈리아 특유의 나무를 혼합해서 태웠다.

미국의 역사학자는 그의 저서 《종교재판의 역사》에서 다음과 같이 서술했다. "이교도들을 산 채로 불에 태워 죽이는 잔인한 행위는 진보적인 의미에서 법률이 지닌 독창성이라 할 수 없다. 입법자는 당시 민간에서 환호하던 일종의 복수 형식을 취한 것에 지나지 않았다."

확실히 역사적으로 봤을 때 화형의 시작은 단지 개인적인 제재에 불과했다. 많은 예들이 이를 증명해준다. 1114년 수아송Soissons에서는 하위 계급의 사람들이 소리를 지르며 감옥으로 쳐들어가 이단자들을 급습한 일이 있었다. 그들은 귀족 교사敎士의 보복이 두려워 즉시 땔감을 쌓고 모든 사람을 태워 죽였다.

민간에서 화형을 실시한 예는 너무 많아서 일일이 다 열거할 수도 없다. 소아시아의 어느 도시의 귀족은 빈민의 폭동을 잠재우기 위해 모든 폭동 참가자들의 몸에 역청을 바르고 불을 붙였다. 그들의 모습은 마치 타고 있는 양초 같았다. 심지어 20세기에 이르러서도 이와 비슷한 사건이 발생했다. 영국의 《템스 신문》의 보도에 의하면 나이지리아 국왕은 사람들을 향해 석유를 뿌린 다음 불을 질렀다고 한다.

로마인은 최초의 기독교 신도들을 죽이면서 불을 사용했다. 네로는 십자가에 사람을 매달고 역청과 송진을 뿌려 살아 있는 횃불로 삼는 것을 즐겼다. 또한 로마인은 불붙인 숯불로 연이어 기독교의 수령들을 태워 죽였다. 중세 시대의 유럽에서는 이러한 화형을 흔히 볼 수 있었다. 또한 러시아에서도 각지에서 끊임없이 일어나는 종교 파벌을 진압하기 위해 화형을 사용했다.

새로운 진전

대혁명 이전의 프랑스에서는 땔감에 불을 붙여 마녀와 이단자를 사형시켰다. 유럽의 기타 여러 국가에서는 심지어 19세기 초까지 이러한 형벌이 계속되었는데 땔감을 만드는 방법에는 주로 두 가지 종류가 있었다.

하나는 죄인을 막대기에 묶어서 지상에 마련된 땔감 더미에 꽂는 방식이다. 죄인의 주위에는 가시나무를 가지런히 쌓아 놓았다. 이러한 방법은 스페인의 종교 재판에서 흔히 볼 수 있는데 이는 죄인이 하늘 높이 치솟는 불길 속에서 천천히 죽어가는 모습을 보여주기 위해서였다. 독일, 스위스, 영국에서도 이러한 방법을 약간 변형시켜서 사용했다. 그들은 땔감의 양을 늘리고 중간에는 많은 막대기를 꽂아서 단체 화형을 집행시켰다.

그러나 이러한 방법에는 약간의 애로사항이 있었는데 예를 들어 1509년에 버나드Bernard에서 화형이 집행되었을 때는 바람이 매우 강해서 사형수의 몸에 불이 전혀 붙지 않았다. 사형수들은 단지 두 다리만 새까맣게 탔을 뿐이었다. 게다가 광풍이 불기 시작해서 질식하지도 않았다. 결국 집행자들은 어쩔 수 없이 목재로 그들을 때려죽였다.

얀 후스 Jan Hus**가 화형을 당하는 모습**

그밖에도 다양한 방법이 있었는데 바로 죄인의 신체 각 부위에 전부 목재를 놓는 방법이었다. 이는 특히 영국과 이탈리아, 프랑스 등에서 자주 사용되었는데 저자가 알려지지 않은 18세기의 어느 책에 다음과 같이 상세하게 묘사되어 있다. " 만약 죄인이 화형에 처해진다면 우리는 바닥이나 짚을 쌓은 더미에 막대기를 꽂고 그런 다음 막대기 주위에 땔감을 쌓아 이를 지지했다. 한 층은 나무로, 한 층은 볏짚을 번갈아서 사람의 키만큼 높게 쌓았다. 망나니는 그의 조수와 함께 막대기 주위에 죄인이 설 수 있을 만큼의 공간과 그를 땔감 더미 속으로 들어가게 할 통로만 남겨두었다. 죄인은 발가벗겨진 후 기름을 먹인 셔츠를 입었다. 그런 다음 망나니는 사전에 준비해 둔 비좁은 입구를 통해 죄인을 땔감 더미 가운데로 들여보내고 밧줄과 쇠사슬로 그를 막대기에 단단히 고정시킨다. 그리고 그 틈을 작은 땔감이나 볏짚으로 막아 죄인을 철저하게 덮는다. 이어서 망나니는 땔감의 사방에 불을 붙이고 화염은 천천히 가련한 죄인을 집어삼킨다."

템플 기사단의 기사와 그 유명한 잔 다르크는 모두 이와 같은 방법으로 화형을 당했다. 그들은 첫 번째 방법에서 묘사한 것처럼 땔감 위에서 화형을 당한 것이 아니었다.

밑에서 그녀가 화형 당하는 모습을 바라보는 군중

여기서 잔 다르크에 대해 좀 더 알아볼 필요가 있다. 그녀의 화형 과정은 역사상 전무후무한 것이지만 이에 대해 완벽하게 이해하는 사람은 매우 드물다. 당시 불공정한 법관들은 그녀를 '마녀, 반역자, 이단자'라고 판결 내렸고 그녀가 정신이 이상한 사람이라 허튼소리를 해서 신성을 모독한다고 말했다. 1431년 5월에 그녀는 루앙의 광장에서 화형 당했다.

그곳에서 그녀를 기다리고 있던 것은 루앙의 관방 형벌 집행자가 쌓아놓은 땔감 더미였다. 땔감 더미는 거대한 석고와 돌로 만든 받침대의 단두대 위에 세워져 있었다. 단두대 위에는 나무가 높게 쌓여 있어서 멀리서도 활활 타오르는 화염을 잘 볼 수 있었고 사람들이 밑에서도 잔 다르크를 바라볼 수 있었다.

어떤 사람은 그녀가 사람들에게 인사하고 영국 침략자에게 욕을 퍼부으며 단두대에 올라갔다고 한다. 또 어떤 사람은 그녀가 아무 말 없이 묵묵히 형장에 올라갔는데 마치 다시는 항쟁을 벌이지 않을 것처럼 모든 의지를 잃은 모습이었다고 이야기한다. 화형의 집행은 매우 오랜 시간동안 지속되었다. 별다른 서명이 없어 저자를 알 수 없는 책 《프랑스의 정의와 법정》에는 다음과 같은 기록이 있다. 사면팔방에서 일어난 화염은 여성 영웅을 집어삼켰고 망나니는 그녀가 거의 질식했을 것이라고 추측했다. 그래서 망나니는 그녀가 완전히 잿더미로 변하기도 전에 활활 타고 있는 나무 조각을 집어 들어 사람들에게 그녀를 더 확실하게 보여주었고 관중은 땔감 더미 속의 잔 다르크가 이미 사망했음을 확인할 수 있었다.

잔 다르크는 부상을 당한 후 누구의 도움도 없이 고립된 상태에서 결국 영국에 포로로 끌려갔다.

이처럼 일반적인 형의 집행 과정을 위반한 일은 역사적으로 매우 드물다. 그러나 영국의 집행관들은 잔 다르크가 마녀이기 때문에 불이 붙지 않을 것이라고 생각하는 군중에게 그녀가 죽는 모습을 보여줘야만 했다. 그들은 실제로 그녀가 땔감 더미 속에서 아무런 상처 없이 벗어날 수 없다는 사실을 모두에게 증명했다.

또 다른 해석은 자칭 부르주아bourgeoisie라고 하는, 15세기 파리에서 발간된 익명의 편년체 역사서 저자의 해석이다. 비록 그는 이러한 별칭을 사용하기는 했지만

실제로는 성당의 수사라는 이야기가 있다. 어떤 역사가는 그가 파리 성모원의 의사관이었다고 했다. 어찌 됐든 그는 줄곧 부르고뉴 군대의 지지자였기 때문에 영국 연맹군과 밀접한 관계를 맺고 있었고 영국의 군사 분야와 정계의 고위 인사를 많이 알고 있었다. 그의 일기에는 당시 요동치는 시대의 모습이 충실하게 기록되어 있다. 그는 잔 다르크가 수많은 잘못을 저질렀기 때문에 섭정 왕에 의해서 화형을 당한 것이라고 주장했다.

잔 다르크의 영솔 아래 프랑스 군대는 전쟁에서 중요한 승리를 거두었다. 그러나 그녀의 개인적인 운명은 오히려 절망적인 전환점을 맞이했다.

사방에 밝혀진 불

잔 다르크가 처녀였다는 사실은 이미 전문가에 의해 확실히 밝혀졌다. 그러나 법정은 그녀가 사탄과 결탁했다는 판결을 내렸는데 이는 원래 성녀에게는 있을 수 없는 일이었다. 때문에 부르주아는 섭정 왕이 잔 다르크를 화형에 처할 때 사람들에게 그녀의 성기를 보여주고 싶어 했으며 이는 잔 다르크와 사탄 사이에 거래가 있었음을 증명하기 위해서였을 것이라고 생각했다. 땔감이 예사롭지 않게 높았던 것은 오로지 사람들의 주목을 끌기 위해서였다. 또한 화형대를 높게 해 놓으면 밑에서도 모든 사람이 그녀가 타 죽는 모습을 볼 수 있었다.

부르주아는 "그는 우선 잔 다르크의 치마를 태워서 그녀를 나체로 만들려고 했다. 사람들이 그녀를 더욱 잘 볼 수 있게 하기 위해 불타는 나무덩이를 잠시 비켜 놓았고 모든 사람은 그녀를 보았다. 한 여자의 모든 것과 반드시 지켜져야 할 비밀이 남김없이 다 폭로되고 말았다. 이렇게 저속한 전시를 한 후에 망나니는 그녀의 가련한 시체에 다시 불타는 나무막대기를 갖다 댔다."고 말했다.

부르주아가 항상 부르고뉴 군대와 영국인의 편을 들었다는 것을 생각하면 그가 기록한 이러한 상황은 더욱 사실적이라고 할 수 있다. 역사학자 미슐레도 부르주아가 한 말이 사실일 것이라고 생각하고 원문 그대로 인용한 적이 있었다.

때로는 형을 집행할 때 전통적인 나무토막을 사용하지 않고 오로지 형벌을 위해 전문적으로 만든 작은 통나무집을 사용하기도 했다. 죄인을 통나무집의 중앙에 묶고 집의 다른 부분에는 나무토막과 볏짚을 채워 넣은 다음 사방에 불을 붙였다. 560년에 클로타르 1세^{Chlotar I}는 반란을 일으킨 아들 크롬과 그 부인 및 두 명의 아들을 동시에 이러한 통나무집에 넣어 태워 죽였다.

1788년에 부룬디^{Burundi}에서는 현지의 사병이 이러한 방법으로 수많은

심판을 거쳐 잔 다르크는 종교법정으로부터 이단이라는 판결을 받았다.

남녀를 태워 죽였다. 그들은 사람들을 모두 초가집에 집어넣은 다음에 지붕 위에 불을 질렀다.

또한 화형은 다양한 방법으로 진행되었기 때문에 그 방법은 형이 집행될 때 즉흥적으로 결정되었다. 죄인은 앞서 이야기한 것처럼 큰불에 타서 죽을 수도 있었지만 작은 불을 사용해서 죄인이 고통을 겪는 시간을 연장할 수도 있었다.

천천히 죽어가는 죄수들

프랑수아 1세가 통치하던 시기에 죄인은 화형을 선고받으면 T자형의 대들보에 매달렸다. 그런 다음 그를 불바다 속으로 집어넣었다. 그러나 땔감을 빨리 치워서 죄인을 천천히 태워 죽였다. 이러한 방법은 일반적으로 군인을 처형할 때 사용되었으나 파리의 칼뱅 교파의 신도도 이러한 형벌을 받았다.

《프랑스와 프랑스인》이라는 책에는 1536년에 6명의 루터파의 이단자가 작은 불에 의해 타 죽었다고 나와 있다. "성 안에는 6개의 임시 제단이 만들어졌고 순례자들은 일렬로 늘어섰다. 각 제단마다 T자형 대들보에 묶인 이단자가 놓였다. 그런 후 밑에 불을 질렀으나 형을 집행할 때 땔감을 치워서 집행 시간을 연장했다."

칼뱅은 제네바에서 스페인 의사이자 신학자 미카엘 세르베투스^{Michael Servetus}를 처형하라는 명령을 내렸다. 이 형벌에는 마찬가지로 작은 불이 사용되었고 성 안의 모든 주민은 집을 보수하기 위해 저장해두었던 목재를 바쳐야만 했다.

마녀와 독을 사용한 사람을 태워 죽이는 데에는 작은 불이 자주 사용되었다.

또한 17세기 후반에도 작은 불은 화형에 자주 사용되었다. 프랑스의 까뜨린느라는 여인은 자신의 남편을 살해하고 그 시체를 토막 낸 죄로 화형을 당했는데

일설에 의하면 잔 다르크가 죽기 전에 사람들이 그녀의 영혼이 천국으로 승천하는 것을 보았다고 한다.

그녀는 땔감 속에서 6시간을 버텼다.

화형은 다른 고문 수단과 병용되기도 했다. 프랑스 릴Lille의 한 여인은 우선 실컷 고문을 당한 다음에 화형 당했다. 집행자는 그녀가 성화聖畵를 훼손했다는 이유로 제일 먼저 그녀의 손을 잘라냈다. 그런 다음 코를 파내고 두 팔에 낙인을 찍었다. 그리고는 유방을 파내고 머리에는 빨갛게 달아오른 철을 감았다. 마지막에는 아직 완전히 타오르지 않은 땔감에 던졌다.

이미 죽어 시체가 된 죄인을 땔감 안에 던져 넣는 일도 있었다. 교수형, 수레바퀴형, 참수형 등을 당한 시체는 또다시 불 속으로 던져지는 형벌을 당해야했다.

화형을 집행할 때 법관은 종종 망나니에게 밀령을 내렸는데 이는 집행을 빨리 끝내서 죄인이 받는 고통을 가능한 한 줄이라는 것이었다. 이렇게 관대한 대우를 '보류권'이라고 불렸는데 항상 비밀리에 진행되었다. 사람들 앞에 판결문을 선포할 때도 낭독하지 않았고 심지어는 죄인 자신도 이에 대해 알지 못했다.

화형대의 기둥에 묶인 죄인이 죽는 방법은 세 가지로 나뉘었다. 첫째는 매우 간단한 방법으로 불을 붙이기 전에 죄인을 목 졸라 죽이는 것이다. 두 번째는 망나니가 사전에 땔감 안에 죄인의 심장을 겨냥한 커다란 쇠갈고리를 숨겨놓는 것인데 일단 불이 붙으면 이러한 쇠갈고리는 죄인에게 치명적인 일격을

일종의 가혹한 형벌로써 화형은 동서양 각 민족에게서 매우 성행했다.

가하게 된다. 세 번째는 더욱 간단한 방법으로 방망이로 죄인을 때려서 기절시키는 것이었다. 이는 첫 번째 혹은 두 번째 방법에 추가적으로 사용되었다. 세비네 Sevigne 부인의 편지에는 유명한 독살 사건의 여자 죄인의 화형에 대해 죄인의 아들과 법관이 나누는 대화가 등장한다. "작은 불로 태워 죽이는 것은 매우 이상한 일입니다." 젊은 청년이 의아한 기색을 감추지 않으며 말했다. 이에 대해 법관은 다음과 같이 대답했다. "아! 선생. 성별 때문에 우리는 조금 관용을 베풀었을 뿐입니다. 때가 되면 우리는 나무토막을 그녀의 머리 위에 놓고 조수는 쇠갈고리로 우선 그녀의 머리를 칠 겁니다."

그러나 의외의 상황이 발생하기도 했다. 일설에 의하면 어떤 때는 망나니의 손에도 불이 붙어서 밀령인 '보류권'을 원만하게 집행할 수 없었다고 한다.

그렇다면 만약 밀령으로 보류권을 받지 못한 죄인은 과연 언제 죽게 되는 것일까. 이는 매우 중요한 문제이다. 앞서 말한 첫 번째 화형 방법에서 죄인은 신체의 일부분만 화염에 휩싸이기 때문에 긴 시간이 지나야 죽음에 이르게 된다. 만약 두 번째 방법을 사용하면 죄인의 신체는 완전히 땔감 더미에 둘러싸이기 때문에 빨리 죽는 경우가 많았다. 죄인들이 사망하는 원인은 화염 자체에 의한 화상이 아니었다. 비록 죄인이 심각한 화상을 입기는 하지만 이러한 화상이 즉각 죄인을 죽음에 이르게 하지는 않는다. 죄인은 대부분 연기로 숨이 막혀서 질식해 사망했다. 그래서 십자가형을 집행할 때 때로는 십자가 아래에 눅눅한 볏짚에 불을 붙여서 죄인이 더 빨리 사망하게 만들었다.

외상에 의해서만 죽음에 이르게 하려면 적어도 6~8 수레 정도의 땔감이 필요했다. 예를 들어 잔 다르크의 경우에도 화형으로 그녀의 신체가 완전히 타서 없어진 것이 아니었다. 망나니는 그녀의 심장과 다른 내장 기관을 센 강에 던졌는데 이때 그녀의 장기는 거의 온전한 상태였다.

화형으로 이단자를 처형하기 시작한 곳은 천주교 교회뿐만이 아니었다. 대다수의 역사학자들은 이단자들이 종종 민간에서 폭동을 일으키고 화형을 당했다고 인정했다.

국왕과 영주는 이단에 대한 그릇된 주장을 하는 사람이나 공공질서를 무너뜨리는 다른 이론을 보호하는 사람, 혹은 기회를 타서 타인의 재산을 몰수하는 등의 행동으로 신앙을 교란시킨 사람을 폭력으로 응대했다.

고형(烤刑)과 자형(炙刑)

고형과 자형은 불에 굽는 형벌이다. 이는 화형에 가까우나 형을 집행하는 과정에서 반드시 큰불이 아닌 작은 불만 사용했다. 우리는 이미 화형을 당해 죽은 죄인의 대다수가 질식으로 인해 사망하고 때로는 그들이 더욱 빨리 사망하도록 하기 위해 눅눅한 볏짚을 사용했다는 사실을 잘 알고 있다. 작은 불로 이루어지는 형벌에서 우리가 주목해야 할 점은 불꽃을 일정한 강도로 조절한다는 것인데 이는 죄인이 정신이 멀쩡한 상태에서 죽음을 맞이하게 하기 위해서다. 이것이야말로 고형과 자형의 주요 특징 중 하나이다.

기원전 3세기 시라쿠사Siracusa의 유명한 폭군인 아가토클레스Agathokles는 특히 이러한 형벌을 좋아했고 이에 시칠리아Sicilia 섬에서 그는 이러한 형벌을 사용했다. 테오도르는 그가 전문으로 제작한 사람 모양의 구리침대에 대해 이야기한 적이 있었는데 구리침대의 속이 빈 부분에 불을 질러 처형하는 것이었다.

후에 고대 로마의 식스토 2세Sixtus II 주교도 스페인에서 전래된 형벌을 받아들였고 오랫동안 사용했다. 이 기간에 희생된 유명한 사람들로는 성 테오도르, 성 로랑St. Laurent이 있다.

스페인의 유명한 의사 세르베투스

국왕은 기독교 교파 사람들이 대단한 재산을 가지고 있다고 생각해서 결국 그들을 정복했다. 그런 다음 그는 로랑을 불러들여 3일 안에 숨겨진 보물을 찾아오라고 명령했다. 로랑은 모든 도시를 샅샅이 뒤지고 다니면서 찢어지게 가난한 빈민과 장애인들을 찾아낸 다음 그 사람들을 모아서 국왕에게 소개하며 말했다. "전하, 이들이 바로 교회의 재산입니다. 저는 여기에 진주와 보석도 좀 곁들이고 싶었는데 그것은 바로 신께 드릴 정녀와 과부입니다."

로랑은 우선 채찍질 당한 후 손톱이 뽑혔고 이가 다 부서졌다. 그런 다음 국왕은 그를 쇠로 된 기둥에 놓고 밑에는 불붙은 숯불을 깔아서 그를 천천히 구워 죽이라고 명령했다. 매우 긴 시간이 지나고 로랑은 망나니에게 말했다. "너무 한쪽만 굽고 있는 것 같지 않소? 나를 좀 뒤집어 주시오." 망나니가 그를 뒤집고 나서 그는 또 말했다. "이제 거의 다 익었소. 드시게나." 말을 마치고 그는 죽음을 맞이했다.

시칠리아에서는 질항아리 파편 위에서 뒹구는 형벌이 행해졌는데 그 파편 속에는 그을린 석탄도 섞여 있었다. 국왕의 박해 법령으로 말미암아 체포된 90세의 노인이 고령에도 불구하고 불에 구워져 처형당하기도 했다. 또한 다수의 기독교 신도들도 처형당했으며 통치자는 명령을 거역했다는 이유로 시종관 두 사람을 달구어진 막대기 위에 묶어 죽이기도 했다.

마찬가지로 시칠리아에서 법관에게 사형을 선고받은 순교자는 우선 말에 끌려 다니며 온 도시를 돌아야했다. 그런 다음 그의 몸에는 녹은 납 물이 부어졌으며 결국에는 달구어진 막대기에서 죽음을 맞이했다.

세르베투스는 《기독교의 부흥》이라는 책을 출판해 스페인 교회를 거역했다는 이유로 누군가는 그를 사형에 처해야 한다고 외쳤다. 그는 제네바로 도망을 갔으나 안타깝게도 재난을 면할 수는 없었다. 그는 사람에게 팔려 1553년 10월에 제네바에서 이교도로 간주되어 산 채로 화형을 당했다.

종교 전쟁 중에 신교의 교도들은 고형으로 누구보다 심한 고통을 당했다. 어느 공작은 연합 정권을 진압하기 위해서 익형溺刑, 참수형, 화형을 남용했고 그가 태워 죽인 500명의 사람 중에 50명은 달구어진 막대기 위에서 죽음을 맞이했다.

미슐레는 그의 저서 《프랑스의 역사》에서 다음과 같이 이야기했다. "사람들은 죽지 않는 형벌을 받았고 신교 교도는 이를 모두 받아들였다. 그들은 매달리고, 찔렸고 몸에는 쇠로 된 가시가 박혔다. 또한 끓는 물에 들어가야 했으며 불에 태워졌고 아궁이 앞에서 질식해 사망했다." 그는 더 나아가 다음과 같이 서술했다. "때로는 천주교도들이 그들의 옷을 벗기고 뜨거운 숯불 위에 앉게 했다." 작형炸刑은 죄인을 끓는 액체 속에 집어넣는 형벌이었다. 만약 그 액체가 물이라면 죄인은

사브리^{Savli}는 현장에서 인체를 해부하는 시범을 보였으나 결국 그는 모함을 당해 죽음을 맞이했다.

끓는 물에 데어 죽었고, 기름이나 송진이라면 말 그대로 튀겨져서 죽었다. 포카스 Phocas 황제가 통치하던 시기에 한 지역의 주교는 기름독에 빠져 죽었다.

죽음에 이르는 과정은 지루하고도 무서웠지만 녹은 납 물을 사용하면 죄인이 즉시 사망했다. '예술적인 통치자'라고 불린 포카스 황제는 대리석으로 된 욕조에 다섯 명의 기독교 신자를 집어넣은 다음 녹은 주석과 납 물을 부어 욕조를 장식하는 조각으로 만들어버렸다.

고대 역사에 있어서 '익어서' 죽은 것으로 유명한 사람은 바로 《구약전서》에 나오는 일곱 명이다. 사람들은 그들을 일곱 형제라고 부르는데 왜냐하면 성경에는 단지 그들이 수난을 받은 과정만 서술하고 있을 뿐 이름이 나와 있지 않기 때문이다. 그들의 죽음은 황망한 시대의 형벌의 전통을 명실상부하게 보여주었다.

기원전 168년에 시리아의 국왕은 예루살렘을 정복한 후 일곱 형제를 잡아들이라는 명령을 내렸고 일곱 형제는 안디옥Antakya에 갇히게 되었다. 국왕은 그들에게 신앙에 위배되는 행동을 강요하며 돼지고기를 삼키라고 했으나 그들은 명령을 거절했다. 그리하여 그들은 잔혹한 고통을 당하게 되었다. 게다가 그들의 어머니 또한 끊임없이 아들들에게 순교의 정신을 권계했다는 이유로 결국 처형을 당하게 되었다. 국왕은 솥을 준비해 불을 붙이고 일곱 형제를 집어넣었다. 그는 일곱 형제 중에 가장 권위 있는 사람의 혀를 자르고 머리 가죽을 벗겨 낸 후 두 손을 잘라 기름이 팔팔 끓는 솥에 집어넣어 익혀 죽였다.

영국, 일본, 스페인, 심지어 프랑스에서도 기름 솥은 보편적으로 사용되었다. 일설에 의하면 14세기에 위조지폐를 제작한 사람이 기름과 물이 끓는 솥에서 산 채로 익어서 죽었다고 한다. 1455년 12월에는 세 명의 죄인이 이러한 형벌을 당했으며 신교의 교도들도 끓는 기름에 던져졌다. 르네상스시기에도 많은 사람들이 큰 솥 안에서 죽어갔다.

때로는 형벌을 집행할 때 쇠로 만든 밧줄을 사용하기도 했는데 이는 더욱 두려운 형벌 방식이었다. 네부카드네자르^{Nebuchadnezzar}는 바로 이러한 방법으로 유대인의 국왕을 처형했다.

중세 시대 전반에 걸쳐 고형과 작형은 헝가리, 러시아, 프랑스, 영국에서 모두 보편적으로 사용되었다. 영국은 헨리 8세 때 솥에서 처형하는 방법을 받아들인 후 에드워드 7세 때까지 계속 사용했다.

종교 전쟁에서는 달군 막대기와 쇠침이 유행하기 시작했다. 《피에몽^{Piemont} 산골짜기의 종교사》라는 책에는 1655년의 대학살이 상세하게 묘사되어있다. "피에몽의 사병은 10살밖에 되지 않은 소녀를 쫓아가서 창으로 그녀를 찌르고 큰불을 일으켜 태워 죽였다."

솥은 죄인을 익혀 죽이는 도구였는데 이는 형벌의 집행 시간을 연장시키는 효과가 있었다. 기원 원년 이전에 아시리아 국왕은 종종 솥을 사용했다. 예언자 다니엘^{Daniel}은 "네부카드네자르는 그의 조각 감상을 거절하는 모든 사람들을 펄펄 끓는 큰 솥에 집어넣었다."고 이야기했다.

스페인의 종교 재판소도 스페인의 이단자이건 멕시코의 인디언이건 상관없이 산 채로 솥에 집어넣었다. 인도와 페르시아에서도 솥은 매우 흔하게 볼 수 있었다.

나치는 조상으로부터 전해 내려오는 장례법을 계속 사용했는데 그들은 시체를 솥에 집어넣어 완전히 없애버렸다. 게다가 그들은 종종 살아 있는 사람, 특히 부녀자와 어린아이를 그 안에 집어넣었다.

톱형

톱형은 톱을 사용해 신체를 분리시키는 방법이다. 과거에 이집트인, 페르시아인, 스파르타인, 히브리인 및 기타 동양의 민족에게서 자주 사용되었다. 후에 이는 풍습으로써 마케도니아, 그리스와 로마에 전래되었다.

고대에는 사람을 반으로 자르는 두 가지 방법이 있었다. 그 중 하나는 죄인을 나무 위에 놓고 그 신체를 두 개의 목판에 고정시킨 다음 톱을 사용해서 복부를 이등분으로 자르는 것이다.

기원전 5세기 로마의 12동표법銅表法에도 톱형의 예가 나와 있다. 이 법령은 우리가 당시의 형벌을 이해하기 위해서 없어서는 안 될 자료이다. 톱으로 사람을 자르는 형벌은 기원 원년까지 존재했는데 이는 광적인 악행으로 유명했던 칼리굴라가 여러 차례 톱형을 집행하라는 명령을 내렸기 때문이었다.

칼리굴라는 동양에서처럼 사람을 가로로 눕히고 중간을 자르는 방법이 아니라 세로로 자르는 방법을 더 좋아했다.

세로로 자르는 방법은 두 가지로 나눌 수 있는데 첫 번째는 머리부터 시작해서 두 다리의 사이까지를 자르는 방법이고 두 번째는 이와 반대로 두 다리 사이부터

중세 시대의 톱형

자르기 시작하는 방법이다. 두 번째 방법은 두 다리를 벌려서 잘 고정시킨 후 톱으로 머리까지 잘랐는데 이는 배꼽 부분까지 자르기 전에 죄인의 의식이 매우 뚜렷했기 때문에 첫 번째 방법보다 더 무서운 방법이었다. 집행자는 죄인이 고통을 받는 시간을 연장시키기 위해 종종 죄인의 머리를 밑으로 늘어뜨리는 자세를 취하게 했다. 이렇게 하면 머리 부분에 충분한 산소가 공급되어 과다 출혈로 빨리 죽는 것을 방지할 수 있었다.

어떠한 상황에서든지 형을 집행할 때는 일반적으로 두 사람이 필요했다. 이러한 유형의 형벌은 주로 동성연애를 처벌하기 위해 사용되었다. 남자끼리의 동성연애와 여자끼리의 동성연애 둘 다 존재했지만 주로 남자끼리의 동성연애를 처벌했다.

12세기와 16세기 일본에서도 톱형이 매우 유행했다. 태양이 떠오르는 나라임을 자부하는 일본에서는 기독교 신도들이 이러한 박해를 받는 경우가 많았다. 그러나 일본인은 중간부터 사람을 자르기보다는 목부터 자르는 것을 더 선호했다.

루터 시대의 독일에서는 주로 반란을 일으킨 농민을 처벌하는데 이러한 형벌이 사용되었다.

프랑스에서는 18세기 말까지 톱형을 사용했다. 공화당 군관의 폭행에 격노한 방데Vendée 주의 사람들은 이 방법을 사용해 복수했다.

스페인에서 톱형은 군사 분야에서 쓰이는 형벌 방식이었고 18세기 말까지 사용되었다. 카탈로니아^{Catalonia} 지역에서는 나폴레옹과 웰링턴^{Wellington}의 전쟁 시기에 카탈로니아 당 사람들이 많은 프랑스 군관과 사병에게 이 형벌을 사용했다.

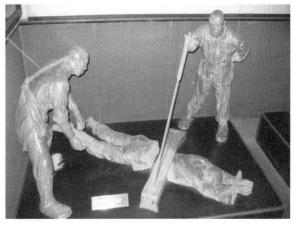

중국의 톱형은 매우 특색 있었다. 위에서부터 아래로 자르는 것이 아니라 중간에 허리를 절단했다.

톱형의 역사상 최후의 걸작은 조급증이 있었던 게슈타포에 의해 완성되었다. 독일이 점령했던 시기 파리의 거리

비록 후에 정치적인 박해를 받았지만 위그노파의 초기에 그들은 프랑스 남부의 천주교 교도를 매우 흉포하고 잔인하게 대했다.

에서는 게슈타포에 의해 이러한 참혹한 형벌이 시행되곤 했다.

프랑스 남부의 천주교도들에 대응하기 위해 위그노^{Huguenot}파가 발명한 톱형도 빼놓을 수 없다. 그들은 죄인의 옷을 벗겨 팽팽한 밧줄 위에 놓은 다음 복사뼈를 밧줄 아래에 붙잡아 맸다. 두 사람은 죄인의 팔 윗부분을 끌어당겨서 균형을 유지시키고 다른 망나니가 뒤에서 그의 엉덩이를 밀었다. 이를 반복하고 나면 밧줄이 톱처럼 작용해 죄인이 반으로 잘리게 된다.

독약

독약은 먹기도 하고 마실 수도 있는 형태였는데 반드시 목숨을 앗아가는 것만은 아니었다. 그러나 고대부터 독을 복용하는 것은 사형을 집행하는 방법 중의 하나로 사용되어 왔다. 일설에 의하면 아테네와 그 식민지 지역에서 최초로 시작되었고 후에 스페인과 마르세유Marseille 및 그리스 군도의 많은 도시에서 사용되었다고 한다.

어떠한 형태의 독약이든지 독약을 일단 삼키면 우선 국부적인 발작을 일으키게 된다. 독약은 삼키는 즉시 효과를 발휘해 닿는 조직을 손상시켰다. 약성의 흡수와 혈액의 순환에 따라서 독약은 모든 신체 기관을 침범하고 결국에는 제일 민감한 주요 기관에까지 이른다. 독약은 이렇게 신경 계통, 호흡 계통, 근육 등을 손상시켰다.

아테네에서는 일단 공민 의회가 사형을 선고하고 난 다음에 죄인에게 충분한 양의 독약을 주었다. 독약의 대부분은 유럽에서 보편적으로 볼 수 있었던 독미나리에서 추출한 것이었는데 독미나리에는 생물에 해를 끼칠 수 있는 독한 염기성 물질이 포함되어 있었다. 의회에서는 죄인에게 독미나리를 사용하는 가장 좋은 사용법에 대해서 설명까지 해주었다.

그리스인은 술이 독미나리의 촉화제가 된다는 사실을 알고 있었다. 그래서 종종 독미나리를 소량의 알코올 성분을 함유하고 있는 음료에 타서 약성이 빨리 심장에 도달해 효과를 발휘할 수 있도록 했다. 또한 이러한 약성은 알코올에 많이 흡수되지 않기 때문에 효과도 좋았다.

이와 반대로 불편한 점도 있었는데 독미나리에서 확실한 효과가 있는 독약을 추출하기 위한 과정이 매우 복잡하다는 것이었다. 아테네의 제조 방법에 따르면 이러한 독약은 보존하기가 매우 어려워서 종종 독성이 사라지곤 했다. 그래서 어느 로마인이 한 가지 방법을 생각해 냈는데 그것은 바로 독미나리에 독성을 띤 각종 물질을 섞은 다음에 양귀비 즙을 더해 마취제 역할을 하게 한 것이었다. 이렇게 만들어진 독약은 오랜 시간이 경과해도 독성이 그대로였다.

우리가 잘 알고 있는 유명한 철학자 소크라테스Socrates는 바로 이러한 독약을 마시고 사망했다.

중국 역사상 유명한 '사詞의 제왕' 이욱李煜은 송나라 왕조의 군주에 의해 독약을 마시고 사망했다.

교수형

교수형은 인류의 역사와 함께 이어져 온 형벌이다. 참수형과 화형을 제외하고 고대 문명의 거의 모든 민족이 빈번하게 사용한 극형이 바로 교수형이다. 이러한 사형 집행법은 지금도 80개가 넘는 국가에서 합법적으로 사용되고 있다.

교수형

교수형은 민간에서 이루어진 개인적인 복수에 기원한다. 원수의 목에 매듭을 묶어 그를 나무줄기에 매달아 질식으로 사망하게 한 것이 바로 교수형의 형태라고 할 수 있다. 이러한 원시적인 방법은 몇 세기의 발전을 거쳐 전문적인 기술로 거듭났다. 영국의 앵글로 색슨Anglo-Saxon 시대에는 마차에 특수한 목재 교수대를 장치한 방식으로 형을 집행했다. 죄인은 우선 계단을 올라가 교수대에 묶였고 그런 다음 계단을 치워서 매달리면 목이 졸려 죽게 된다. 16세기에는 삼각형의 교수대가 출현했다. 1749년부터 1758년에 이르기까지 런던과 중부 서식스Sussex

중국 청나라의 교수형

에서는 교수형을 당한 죄인 중 대략 70퍼센트(약 365명)가 밧줄에 매달려 흔들거리는 채로 죽음을 맞았다. 영국 런던에서는 형을 집행하는 지점을 타이번 Tyburn 강변으로 정하고 강 양쪽의 느릅나무를 교수형의 도구로 이용했다.

기록된 바에 따르면 1196년에 윌리엄이라는 사람이 선동적인 언론을 발표했다는 이유로 교수형을 당했는데 이것이 타이번 강변에서 이루어진 최초의 교수형이라고 한다. 1220년에 타이번 형장에는 교수대가 설치되었고 후에 세심한 설계를 거쳐 세 개의 나뭇가지가 달린 나무가 심어졌다. 모든 가지의 길이는 3미터나 되었고 1571년부터 이 3개의 나뭇가지는 교수대의 역할을 하게 되어 '타이번 형장의 나무'라고 불렸다.

이 나무로 동시에 24명을 교수형에 처할 수 있었다. 그러나 1759년에 이르러 원활한 대로변 이용을 저해한다고 여겨져 폐기되었다.(사실상 형을 집행할 때의 난동으로 정부가 타이번 형장의 교수형 나무를 폐지한 것이다.) 이때 기동적인 교수대가 출현했고 1783년까지 사용되었다. 같은 해 7월에 존 오스틴 John Austin은 타이번 형장에서 교수형을 당한 최후의 죄인이 되었다. 그 이후로 대중 앞에서 교수형이 시행되는 일은 없었다.

바퀴를 돌리는 교수형

최초에 유럽의 망나니들은 수레바퀴를 돌리는 방식으로 죄인을 처형했다. 18세기에 이르러 유럽의 입법자들은 천천히 수레바퀴를 돌려 교살하는 방법을 일종의 형벌로 결정했다. 최초의 형구는 단지 장대 하나밖에 없었고 윗부분에는 끈을 집어넣을 수 있는 구멍이 있었다. 죄인을 장대의 앞에 있는 나무 의자에 앉히거나 세우고 목에 끈을 묶은 다음 그 양쪽 끝을 장대의 뒷면까지 늘여 구멍에 집어넣었다. 망나니가 세게 끈의 양 끝 부분을 비틀어 돌리기만 하면 천천히 죄인의 목이 졸려서

중세 시대의 교수형에 대한 카툰. 망나니에게 있어서 이러한 잔혹한 형벌은 사람들을 웃게 할 수 있는 유희와 마찬가지였다.

사망에 이르게 되었다. 후에는 더욱 복잡한 교살 장치가 발명되었다. 두 대의 금속을 죄인의 목에 끼우고 나사로 한쪽을 장대 쪽으로 밀고 다른 한쪽은 바깥으로 밀어서 죄인의 경추가 절단되어 즉사하게 만들었다. 그밖에도 끝이 날카로운 단도를 사용해 죄인의 척추를 절단하는 방법이 있었고 스페인은 이러한 방식으로 종종 교수형을 집행했다. 집행 측은 형을 집행하기 전날부터 처형당하는 사람의 정신을 마비시키는 의식을 시작했다. 죄인을 위해 신부(통상적으로 두 사람 이상)는 하룻밤 동안 기도를 해주었고 날이 밝으면 죄인은 참회의 시간을 가졌다. 스페인

영국 템스 강변의 타이번 형장에는 각종 잔혹한 형벌이 계속해서 상연되었다.

의 법률에는 성직자가 죄인을 참회시키기 전에는 망나니가 형을 집행할 수 없도록 규정되어 있었다.

사형극장

봉건시대에는 대중 앞에서 사람을 죽이는 것이 보편적이었다. 통치자는 형을 집행할 때 사람들을 모아서 그들이 보는 가운데 실행하는 것이 당연하다고 생각했다. 만약 관중이 없으면 형 집행의 목적을 달성했다고 보기 어려웠다. 프랑스는 죄인을 처형하는 것을 특별한 전시처럼 생각해 사람들이 주목하도록 유도했는데 형벌의 잔인함에 충격 받게 하는 것이 그 목적이었다. 저명한 프랑스의 철학자 미셸 푸코Michel Foucault는 형벌을 '국왕과 죄인 사이의 전쟁'이라고 표현했다. 국왕의 승리를 뽐내기 위해 죄인은 대중 앞에 공개되었고 돌아가는 바퀴 위에서 시체가 된 후 낙인이 찍혔다.

사형 집행은 수많은 관중을 불러 모았고 일종의 공공 프로그램이 되었다. 사람들은 무리를 이루어 죄인이 교수형을 당하기 전에 고통으로 발버둥치는 장면을 보러 갔다. 영국에서는 타이번 형장에서 사형을 집행할 때 만약 사형수가 민간의 영웅이라면 환호를 받았고, 그가 부도덕한 악행으로 죗값을 치르는 것이라면 사람들의 침 세례와 조롱을 받아야했다. 사람들은 쓰레기, 분뇨 혹은 동물의 시체 등을 그에게 던졌다. 거리의 상인들은 관중 틈에 섞여 큰소리로 물건을 사라고 외쳤고 그중에는 음식이나 음료를 파는 사람도 있었다.

대중의 앞에서 형을 집행하는 것은 유럽에서 오랫동안 이어져 온 전통이었다. 고대 로마 제국 시대에는 사람들이 단체로 돌을 던지는 풍속이 있었다. 16세기 영국에서는 대중이 타이번 형장의 나무 아래서 술을 마시며 즐겼고 프랑스에서는 와인을 단두대에 뿌리는 것이 대중적인 놀이였다.

유명한 영국의 작가 찰스 디킨스는 그가 로마에서 직접 목격한 형의 집행 과정에 대해 자세하게 묘사했다. 1845년 3월 8일, 그는 그날 아침부터 형장에 나가 있었다. "그곳은 혼란스럽고 어슴푸레하며 야만적인 광경으로 가득했다. 단두대는 매우 높았고 윗부분에는 쇠로 만든 칼이 장착되어 있었다. 그 칼은 언제든지 떨어질 준비가 되어 있었고 햇빛을 반사하여 섬뜩한 빛을 내었다. 형을 집행할 시간이 되자 한 무리의 사람들이 한꺼번에 쏟아져 나왔다. 담배 상인과 빵집 주인이 물건을 들고 나와 큰소리로 손님을 모으기 시작했다. 교회의 종이 11시를 울리자 한 무리의 사병이 발을 맞추어 다가왔고 죄인은 십자가를 맨 수도사를 뒤따라 나왔다. 그의 옷은 이미 벗겨져 있었고 맨발이었으며 손은 뒤로 묶여 있었다. 단두대의 앞에 도착하자 그는 즉시 무릎을 꿇었고 그의 목은 참수대의 장치에 딱 맞게 놓였다. 불과 몇 초가 지나자 그의 목은 땅에 떨어졌다. 망나니는 잘린 머리를 손에 들고 단두대를 한 바퀴 돈 다음 피가 뚝뚝 떨어지는 머리를 준비해 놓은 장대 위에 걸어놓았다. 마지막으로 시종이 한 사람 나와서 지면에 묻은 피와 더러운 물건을 물로 씻어냈다." 작가는 직접 그 광경을 보고 큰 충격을 받았다.

돌로 쳐서 죽이는 형벌

돌로 쳐서 죽이는 형벌은 구약 시대에 주로 신성을 모독한 사람에게 사용하던 형벌이었다. 이는 돌을 던져서 사람을 사망에 이르게 하는 방식으로 거의 모든 사회에서 존재해왔다. 특히 동양 민족 사이에서 이 형벌은 반란죄와 공공의 이익을 침범한 죄를 저지른 이에게 보편적으로 시행되었다.

돌로 쳐서 죽이는 방법은 원시 시대 그리스에서도 자주 볼 수 있었다. 역사의 변천에 따라 이 형벌은 점점 사라져갔지만 여전히 집단 보복적 특성을 띠었다. 일설에 의하면 메시니아messenia의 주민들은 로마인의 명령을 받들어 필로포이멘 Philopoemen 장군을 독살한 이유로 주민 전체가 돌에 맞아 죽었다고 한다. 그러나 마케도니아 인에게 있어서 이는 합법적인 형벌이었고 사람들은 카르타고 인들도 마찬가지일 것이라고 생각했다.

로마에서 돌로 사람을 쳐 죽이는 것은 특별한 형벌이었다. 비록 사람들은 이것이 폭동을 일으킨 사람이나 군사 심판의 판결을 받은 사람을 징벌하는 데에 쓰이는 것이라고 생각했지만 말이다. 그리고 히브론에서 이 형벌은 완전히 제도화되었다. 성경의 레위기와 신명기에는 이러한 형벌이 죄를 처벌하는데 오랫동안 사용

LA·PAPESSE

천주교의 유일한 여자 교황으로 그녀는 남장여인의 모습으로 사람들을 속였다.

되었다고 나와 있다. 그중에서도 특히 안식일을 방해하고 유부녀와 간통한 죄, 약혼한 여자와 밀통한 죄, 신의 이름을 비방한 죄, 이교의 신을 위해 희생한 죄, 부모에게 불효한 죄를 행했을 때 이러한 형벌을 받았다.

바빌론 국왕 네부카드네자르 2세^{Nebuchadnezzar II}가 생활한 연대는 기원전 6세기경으로, 그는 수잔나^{Susanna}라는 여인을 고발한 유대인 관원을 돌로 쳐 죽이라고 명령했다. 비록 이스라엘인은 전쟁포로였지만 그들은 자신들의 법률로 자신들이 선발한 법관을 심판할 수 있는 특권을 가지고 있었다. 행정 법관 직책을 맡고 있던 두 명의 노인들은 수잔나에게 사악한 마음을 품고 그녀가 목욕하는 것을 훔쳐보고 그녀에게 흠모의 정을 나타냈다. 젊은 부인에게 거절을 당한 후 그들은 원한을 품고 당장에 그녀를 음란죄로 체포했다. 그리고 모세의 법령에 의해 그녀는 돌에 맞아 죽었다.

청년 예언자 다니엘은 두 노인을 따로 심문하고 그들의 진술에 상당한 모순이 있는 것을 발견하고 놀라서 그들의 위증을 대비해 보았다. 결국 그들은 죄가 확정되어 무고한 여인이 당한 것과 똑같은 형벌을 받았다.

돌로 쳐 죽이는 것은 공공의 사형 방식이었다. 6세기 정도가 지난 후 사람들은 창부를 예수의 앞에 끌고 와 그녀가 이러한 형벌을 받는 것이 마땅한지 물었다.

밀통한 죄로 여자 교황은 교수형을 당했고 그 후에 주위에서 구경하던 관중은 돌을 던졌다.

아마도 이에 이어진 예수의 현명한 대답은 누구나 알고 있을 것이다. "누구든지 죄가 없는 사람이 그녀를 돌로 쳐라."

　기원 원년이 시작될 때 유럽의 각지에는 돌로 쳐 죽이는 형벌이 있었다. 빈^{Wien}의 주교는 608년에 루앙 부근의 성에서 돌에 맞아 죽었다. 그가 국왕이 아우스트라시아^{Austrasia}의 왕후에게 깊이 빠져들지 않도록 기도했기 때문에 왕후의 명령으로 처형된 것이었다. 와렘^{Waremme}은 힐데리히 2세^{Childeric II}를 암살하려는 계획에 적극적으로 참여한 것을 인정한 후 말뚝에 묶여 돌에 맞아 죽었다. 이보다 전에 생테티엔^{Saint-Etienne}에서는 사도의 축성을 받은 첫 번째 6품 수사가 모세를 모독했다고 두 명의 유대인이 위증하여 돌에 맞아 죽었다. 에페소스^{Ephesus}의 주교는 이교의 신을 기념하는 축제를 중단하려 했다가 돌에 맞아 죽었다. 콤^{Colm}과 데미안

Damien은 아랍에서 태어난 의사로 본래 교회에 의해 성인으로 추앙된 사람들이었으나 다른 기독교도들처럼 십자가에 매달려 돌에 맞아 죽었다.

진실여부에 대해서는 확실하게 밝혀진 바가 없지만 천주교의 역사학자들에게 오랫동안 전해 내려오는 전설에 의하면 어느 여성이 11세기에서 12세기 사이 확실치 않은 기간에 교황의 보좌에 오른 적이 있다고 한다. 사람들은 그녀를 여자 교황 요안나Joanna라고 불렀다. 항간에 전해 내려오는 말에 의하면 여자 교황은 젊은 여자였으며 그녀와 그녀의 연인은 아테네에서 많은 지식을 배운 이였다고 한다. 그녀는 남장을 하고 영국인 존이라는 가명을 사용하였으며 로마에서 교황으로 선출되었다. 그녀는 의식 대열을 할 때 아들을 한 명 낳았다. 도밍고회의 한 사람은 1250년에 여자 교황이 해산을 한 후 로마 민중들의 심판으로 돌에 맞아 죽었다고 이야기했다.

돌로 쳐 죽이는 형벌은 16세기의 아테네 형법 법전에도 기록되어 있었다. 이러한 형벌은 죄인에게 모욕감을 더해주기 위해 사용되었다. 이 형벌은 특히 부녀자에게 적용되었고 만약 남자가 같은 죄를 범했을 때는 수레바퀴형에 처해졌다. 형의 집행 과정은 죄의 상황에 따라 달라졌다. 형벌이 가중되는 상황에서는 여자 죄수의 머리를 밀고 송진을 바른 후 위에 깃털을 붙였다. 이어서 여자 죄수는 그녀에게 돌을 던질 준비를 하고 있는 남자들이 두 줄로 늘어서 있는 동안 대열 사이를 뛰어지나가야 했다.

돌로 쳐 죽이는 형벌은 지중해 동부의 국가에서 특히 성행했다. 이 형벌은 남자끼리의 성교나 동성애 혹은 강간과 같이 음란하면서도 양성애적인 범죄를 처벌하는데 사용되었다. 비록 이러한 사형 방식을 자주 볼 수 있는 것은 아니었지만 반드시 대중의 앞에서 시행되었다. 만약 신에게 예의에 어긋나는 행동을 범했다면

성경의 영향으로 돌을 던져 죽이는 형벌은 대부분 사회의 풍속을 거스르는 여자 죄수에게 행해졌다.

돌에 맞는 형벌을 피할 수 없었다.

　돌로 쳐 죽이는 형벌은 몇 가지 순서로 진행되었는데 이는 죄인이 도망가는 것을 방지하기 위해 설치된 장애물이나 마찬가지였다. 어떤 때는 죄인은 움직일 수는 있었지만 주위가 울타리로 막혀 있었고 때로는 죄인은 말뚝이나 십자가에 묶이거나 목까지 땅에 파묻히기도 했다. 오늘날에는 눈 부분만 뚫려 있고 얼굴 전체를 덮는 마스크를 죄인의 머리에 씌운다. 이러한 사형 방식은 법률로 규정된 사형 집행 방식이므로 정식으로 망나니나 사병에 의해 형이 집행되는 경우도 있지만 죄인의 친구, 증인이나 대중이 형을 집행할 수도 있다는 특징을 지닌다. 오늘날의 관점으로 본다면 이러한 행위는 사형 전에 죄인을 사회 및 종교에서 축출해내는 의식이라고 볼 수 있다. 사형 집행에 참여하는 사람은 죄인이 꼼짝하지 않을 때까지 손에 든 돌을 하나씩 계속 던졌다.

대부분의 상황에서 사람들은 사형 집행에 사용하고 남은 돌로 시체를 묻었다. 이러한 매장 방식을 사용했기 때문에 돌로 쳐 죽이는 형벌은 때때로 사람들에게 '돌무덤'이라고 불렸다. 이러한 돌무덤은 오랜 시간 동안 사람들에게 죄인의 죄를 떠오르게 만들었다. 때로는 무게가 몇 킬로그램이나 되는 무거운 돌을 던져서 죄인을 빨리 죽게 만들기도 했다. 그러나 맹렬한 공격을 받는다고 해서 금방 의식을 잃는 것은 아니었기 때문에 돌로 쳐 죽이는 과정은 매우 천천히 진행되었다. 설령 피부가 찢겨 터지고 뼈가 다 으스러졌다고 하더라도 두개골이 파열되어서 뇌 자체에 타격을 받기 전까지 죄인은 사망하지 않았다.

익형(溺刑)

물과 불은 순수함의 상징이다. 기독교 신자들에게는 세례 의식이나 심지어는
홍수조차도 공인된 순수함의 표현이라고 할 수 있었다. 대부분의 원시 문명사회

중세 시대의 수형

와 아프리카 흑인들은 물을 사용해 죄인을 처벌했는데 이는 종교 신앙과 미신의 영향을 받은 것임에 틀림없다.

어떤 민족은 마구잡이로 사람을 죽였지만 이와 반대로 어떤 민족은 확실한 상황을 제외하고는 사형을 법률로 금지시켰다.

신성 모독죄를 면하기 위해 사람들은 죄인을 신에게 내어줄 수밖에 없었다. 즉, 사람들은 그를 대자연의 일부분으로 돌아가게 만들었다. 사람들은 물이 자연의 특수한 구성 성분이므로 신이 이를 이용해 죄인을 속죄할 것인지 아니면 너그러이 용서할지를 결정한다고 생각했다.

원시 사회

그리스에서는 간통을 한 부녀자를 뗏목에 태워 파도 속으로 띄워보냈다. 만약 그녀가 살아서 물가에 도달하면 사람들은 신이 그녀에게 은혜를 베풀었다고 여겼다.

유대인의 국왕 바로는 신의 판결을 구실로 삼아 성 안의 모든 신생아를 죽이라는 명령을 내렸다. 이 사건이 벌어졌을 때 장차 히브리인의 통치자이자 유대교의 창시자가 될 아이 하나가 국왕의 딸에게 입양되어 그 목숨을 건졌다. 그녀는 그 아이에게 모세라는 이름을 지어주었고 이는 이집트 언어로 '물속에서 구해낸 사람'이라는 뜻이다.

몇 세기 이후에 클로비스 2세Clovis II의 두 아들은 어머니에게 반항했다는 이유로 같은 처벌을 받았다. 그녀는 우선 그들에게 무릎의 힘줄에 낙인을 찍는 형벌을 내리라고 명령했다. 이렇게 해서 그들은 남자로서의 강인함을 잃고 연약하고 무력하게 변했다. 그런 다음 그들은 배에 태워져 강의 급류 속으로 던져졌다.

지중해 주위의 국가들뿐만 아니라 고대와 중세의 모든 민족은 익형을 시행했다.

마노 법전은 인도 사회의 도덕, 종교 및 법률의 시조라고 할 수 있다. 마노 법전에는 몇 가지 사형을 열거하고 있는데 그중에 익형이 있었고 이는 제방을 파괴한 사람을 처벌하던 형벌이었다. 익형은 그리스인, 이집트인뿐만 아니라 로마인, 페니키아인, 카르타고인 심지어는 유대인에게까지도 사용되었다.

우리가 기억해야 할 것은 마태가 그리스도의 말을 인용하여 복음서에서 한 말이다. "만약 누군가 나를 믿는 사람을 죄에 빠지도록 유인한다면 돌절구를 그의 목에 걸어 그를 바다 속으로 던지는 것이 낫다." 아마도 그리스도의 말은 로마시대에 실제 행해지던 사법일 것이다. 당시에 사람들은 죄인을 무거운 물건에 묶어서 익형에 처했다.

앞서 이야기한 것처럼 익형은 거의 대부분이 부정한 부녀자들을 처벌하기 위해 만들어진 것이었다. 그러나 모반의 혐의가 있는 사람, 반역자, 때로는 전쟁에서 패한 사람도 익형에 처해졌다. 사람들은 이렇게 죽은 사람들이 영원히 구천을 떠돌면서 천국이나 지옥 어디에도 갈 곳 없는 망령이 되기를 원했다.

또한 여러 민족은 그들만의 방식으로 이를 집행했는데 먼저 게르만인과 고어인은 죄인을 습지에 빠뜨려 죽이는 것을 더 좋아했다. 그리고 로마인은 오랜 기간 동안 가죽 포대를 사용해왔다. 이때 액체를 운반하는 가죽 포대를 사용하는데 기원전 5세기 로마의 형법에는 이미 이러한 가혹한 형벌이 기재되어 있었다. 형법에는 만약 누군가 자유인을 죽이면 그를 수탉, 원숭이, 고양이 혹은 개와 같은 동물 한 마리와 함께 가죽 포대에 넣어 익사시키라고 규정되어 있다. 동물의

이러한 형벌은 주로 부녀자에게 사용되었다. 죄인을 강에 집어넣거나 수조 혹은 저수지에 집어넣었는데 주로 길거리에서 함부로 입을 놀리는 여자와 마녀를 처벌하는데 사용했다. 죄인에게는 일정한 시간 동안 물에 집어넣은 후 자백할 기회를 주었다. 만약 그녀가 자백하면 그녀를 때려 죽였고 그녀가 자백을 하지 않으면 다시 물속으로 집어넣었다. 이러한 과정은 통상 죄인이 익사하거나 형벌을 포기하고 다른 방법으로 죽게 될 때까지 반복되었다.

선택은 죄인이 강건한 정도에 따라 결정된다. 그런 다음 가죽 포대에 무거운 물건을 달아 물속으로 집어넣었다. 이렇게 포대에 사람을 집어넣는 형벌은 후에 로마인에 의해 폐지되었으나 오히려 유럽, 특히 중세 시대의 프랑스에서 다시 사용되기 시작했다.

익형을 사용할 때 로마인은 우선 죄인을 묶고 사슬, 돌, 닻 혹은 돌절구를 매달아 죄인을 물속에 집어넣었다.

천주교의 순교자 명부 중에는 이러한 형벌을 당한 예가 많이 나와 있다. 어느 신부는 손에 큰 돌을 매달고 바다에 던져졌다.

프랑스에서는 예전에 목에 돌이 묶인 두 사람이 엔Aisne 강에 던져진 일이 있었다.

그리스 소국의 친왕의 딸은 몸에 닻을 매달은 다음 물에 빠뜨려 처형되었다. 3세기 말에 사라고사Zaragoza에서도 성인의 목에 돌절구를 매달아 익형에 처한 일이 있었다.

로마 교황도 이러한 형벌로부터 도망칠 수 없었다. 칼릭스Kalix는 우물에 빠져 익사했고 클레멘스Clemens는 목에 돛이 달린 채 바다에 빠져 죽었다.

카툰: 미국 중앙 정보국^{CIA}은 죄인의 자백을 강요하기 위해 물고문을 이용한다.

중세 시대의 익형

이 시기에는 주로 간음한 부녀자를 처벌하기 위해 익형이 사용되었고 간음한 남자는 순장했다.

강도 살인을 저지른 죄인 중 일부도 익형을 받았다. 예를 들어 천연두 환자 같이 병든 사람을 사형에 처할 때는 피를 흘리면 안 되기 때문에 익형을 사용했다.

나바라^{Navarra}의 왕후이자 국왕 루이 10세의 부인 마르그리트^{Marguerite}는 간통죄를 범했으나 높은 지위를 감안해 법정에서 심문을 받지 않고 1315년에 비밀리에 교수형에 처해졌다. 마르그리트의 연인인 노르망디 신사는 3년이라는 기간 동안 가장 신성한 지역에서 간통죄를 범한 사실을 인정했다. 그는 우선 산 채로 피부가 벗겨

샤를 6세는 현명하기로 유명한 왕이었으나 반역자를 처벌하기 위해서는
조금도 주저하지 않고 익형을 실시했다.

졌고 그런 다음 자루에 넣어져 센 강에 던져졌다. 의심을 받은 사람들 역시 공모자로 신분에 관계없이 일률적으로 같은 방식으로 처형되었다.

시간의 흘러 익형은 반란자를 처벌하는 데에도 사용되었다.

샤를 6세Charles VI는 백성들의 추앙을 받는 국왕이었으나 14세기 파리 시민들의 폭동에 익형으로 대응한 적이 있었다. 《편년사》라는 책에서는 다음과 같이 서술하고 있다. "국왕은 파리로 돌아왔고 파리 시민들은 의심을 받았다. 사람들은 감히 사는 곳에서 나오지도 못했고 문이나 창문을 열 수도 없었다. 그는 그들이 매우 큰 대가를 지불하도록 했다. 어떤 이는 의회에서 6천의 배상금을 냈고 어떤 사람들은 3천을 냈다. ……국왕과 의회는 그 밖의 사람들을 감옥에 가두었고 그중에 많은 이들이 익형에 처해졌다."

샤를 7세도 같은 방법으로 프라하 폭동의 주도자를 응징했다. 영주들의 반란을 이렇게 부르는 것은 프라하 후스 당원들의 대반란과 구별하기 위해서다.

알렉산드르 부르봉Alexandre Bourbon은 부르봉 공작의 아들로 그는 전쟁에서 공을 올린 것으로 이름난 사람이었다. 그는 샤를 7세를 위해 전쟁에서 공을 세웠을 뿐만 아니라 자신의 이익을 위해 9개의 성을 약탈했다. 그는 '강도'라는 별명을 붙여

질 정도로 잔인했으나 1440년에 샤를 7세에게 체포되어 익형에 처해졌다. 그는 가죽 포대에 넣어졌는데 그의 포대 위에는 이렇게 써져 있었다. "국왕이 공정함을 견지할 수 있도록 하라." 결국 그는 강에 던져졌다.

1441년에는 영국인이 센 강에 빠져 죽었다. 그로부터 25년 후에 샤롤레이Charolais 백작은 사람을 시켜 뒤랑스Durance 강에서 부르고뉴 가족에 반대한 성의 귀족 800명을 익사시키라고 명령했다.

국왕을 대면할 때 루이 10세의 첫 번째 아내는 자신이 가혹한 익형을 당해 죽을 줄은 꿈에도 생각하지 못했다.

독일에서는 어린아이를 잔혹하게 죽인 사람에 대해 익형을 시행했고 프랑스의 천주교 교도와 신교 교도는 죄인의 머리 부분만 물속에 집어넣어 죽게 만들었다. 1567년에 프랑스의 님Nimes에서는 성 미카엘 축일에 무서운 사형 집행이 진행되었는데 이날 하루 동안 156명의 천주교 교도가 신교 교도들에 의해 우물 속에서 익사했다. 연합성에서는 어느 공작이 사람을 시켜 이단자를 태워죽이고 익사시켰다. 이단자들은 사슬이 채워진 다음 물속으로 던져졌다.

16세기 스페인 식민지 통치자는 정복하는 과정에서 귀찮은 증인을 말소해 버렸다. 베르날 디아스델 카스티요Bernal Díaz del Castillo는 《신新 에스파냐 정복의 진상》

자신의 이익을 지키기 위해 프랑스의 국왕 샤를 7세는 조금도 주저하지 않고 자신의 친구 부르봉 공작의 아들을 익형에 처했다.

이라는 책에서 비잘^{Bijal}과 다른 동반자들이 잉카의 인디언과 아스테카^{Azteca}인에게 체포된 후 어떻게 살해당했는지 기술하고 있다. 이 시기에 베니스^{Venice}의 지배자는 사형을 선고받은 사람들을 익형을 전문적으로 집행하는 운하에서 처형하라고 명령했다.

익형은 민족과 시대에 따라 집행 방식에 차이가 있었다. 독일에서는 이미 물에 던져진 죄인의 머리를 잡아들고 그를 다시 늪지의 진흙탕 속에 빠뜨려 익사시켰다. 다른 지방에서는 죄인을 자루에 넣고 바다나 강에 던졌다.

영국의 한 북방민족은 죄인을 어느 한 곳에 고정시키고 밀물이 될 때를 기다려 해수가 점점 차오르면 죄인을 물에 잠기게 만들었다. 예상 밖에 다시 살아날 기회를 얻은 처형자는 익형으로 인해 귀에서 이명이 나거나 머리가 아찔하고 눈앞이 캄캄해지며 결국에는 의식을 잃는 등 후유증에 시달렸다. 본능에 따라 그들은 심호흡을 시작하지만 이는 진짜 심호흡이 아니라 제일 처음으로 나타나는 죽음의 증상이며 결국에는 폐에 물이 가득 차서 사망에 이르게 되었다.

헨리 8세가 통치하던 시기에 영국인은 특수한 극형을 사용하기로 정평이 나 있었다. 그것은 바로 죄인을 천천히 사망에 이르게 하는 것으로 썰물일 때 죄인을 폐선이나 나무 막대기에 묶어놓고 밀물이 될 때까지 기다려서 해수가 조금씩 죄인을 집어 삼키게 하는 방법이었다.

참수형

    참수형의 원리는 목을 절단해서 머리와 몸통을 분리하는 것이다. 이러한 극형은 생명과 관계되는 중요한 부분을 절단하기 때문에 죄인을 즉시 사망하게 만들었다. 각종 극형의 다양성과 잔혹성의 측면에서 보자면 참수형은 비교적 간단한 사형으로 여겨져 왔다. 참수형은 기원전에 아시아와 동양의 국가에서 출현했다. 많은 사람들은 청동기시대에 휴대할 수 있는 무기가 출현함에 따라 참수형이 나타나게 되었다는 사실에 대해 긍정적인 태도를 보이고 있다. 먼 옛날의 사법은 화형이나 교수형, 돌로 쳐 죽이는 형벌에 속하지 않는 사건에 대해 참수형을 허가했다. 양각으로 새겨진 고대의 조각은 우리에게 이집트의 람세스 2세^{Ramses II}가 통치하던 시기에도 참수형이 존재했음을 보여준다.

    로마에서는 귀족들이 신속하게 철기를 이용한 사형을 허가했다. 로마의 시민이었던 수많은 기독교 신도들은 참수형에 처해졌다.

    사망 후에 성녀로 추대된 성 세실리아^{St. Cecillia}와 그녀의 남편 발레리누스는 대단한 귀족 가문 출신이었지만 참수형을 피할 수 없었다. 참수형을 집행할 때는 여러 번 내리쳐서는 안 된다는 규정이 있었기 때문에 집행자는 세 번의 칼질로도 세실리아의 머리를 자르지 못했다. 집행자는 세실리아를 피바다 된 바닥에 눕혔고 그녀는 거의 반쯤 죽은 상태에서 3일을 더 살았다.

성 펠리시티St. Felicity는 로마의 귀족이었고 그녀와 일곱 명의 아들은 모두 기독교 신자였다. 펠리시티는 고발을 당한 후에도 원래의 종교와 신앙을 포기하기를 거절했다는 이유로 그녀와 그녀의 아들 모두 사형에 처해지게 되었다. 그중에서 세 명의 아들이 그녀와 마찬가지로 목이 베어져 죽었다. 다른 유명

참수형을 당하기 전에 죄인은 다른 잔혹한 형벌을 받아야만 했다.

한 예는 성 폴St. Paul과 그의 형제 성 존St. John의 일이다. 그들은 모두 관리였는데 한 사람은 콘스탄티누스Constantinus 국왕의 딸 콘스탄스Constans 가족의 승마 교관이었고 다른 한 사람은 가사를 관리하는 총지배인이었다. 율리아누스Iulianus가 제위에 오른 후 전통에 따라 그들은 일체의 공무에서 제적당하고 은거생활을 하기 시작했다.

두 사람은 기독교를 믿는다는 이유로 사형 판결을 받았지만 그들은 로마 시민으로서 로마의 판결을 받기를 요구했다. 그러나 결국 그들은 밤에 참수형에 처해졌는데 이는 국왕이 그들에 대한 공개 처형이 로마에 폭동을 불러일으킬지도 모른다고 걱정했기 때문이었다.

마찬가지로 참수형을 당한 사람으로는 성 플라시드St. Placide 외에도 10여 명이 있다.

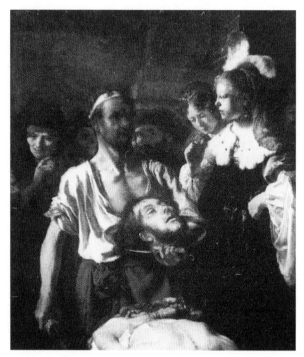
기독교에서 예수에게 세례를 준 요한은 참수형을 당했다.

《기독교 교회의 역사》라는 책을 쓴 다니엘이라는 사람은 그 책에서 고대의 작가의 말을 인용해서 처형당한 기독교 신자의 수가 너무 많아서 망나니를 두렵게 하고 그 팔과 칼을 지치게 했다고 이야기했다. 그래서 망나니는 순교자를 일렬로 늘어놓은 다음에 관성을 이용해서 사형수의 목을 차례차례 내리칠 수 있었다고 한다.

만약 망나니가 같은 자리에서 형을 계속 집행한다면 시체더미가 쌓여서 작업이 중단될 가능성이 있었기 때문에 어쩔 수 없이 고안해낸 방법이었다.

기독교 신자인 국왕이 통치할 시기에는 십자가가 예수의 순교를 떠오르게 한다는 이유로 십자가형을 대신해 참수형이 사용되었고 이로 말미암아 참수형을 자주 볼 수 있게 되었다.

참수형을 집행한 사람 중에서는 이러한 극형을 남용했다는 이유로 역사책에 이름이 기록된 사람도 있다. 샤를마뉴Charlemagne는 작센인에게 포교할 때 4천여 명의 목을 쳤다.

리샤르 드 리옹Richard de Lion은 성지에서 이슬람교도의 속죄금을 빨리 못 거두어들였다는 구실로 2천5백 명의 이슬람교도를 죽였다.

피에르 르그랑 1세$^{Pierre Legrand}$ 는 1698년에 스트렐리^{Strelley}의 반역자 몇백 명을 죽이라는 명령을 내렸으며 그와 고문이 직접 몇십 명을 죽이기도 했다.

프랑스의 어느 공작은 한 지역의 거의 모든 신교도 단체를 죽였을 뿐 아니라 앙부아즈^{Amboise}에서도 몇십 명의 종교개혁가를 참수형에 처했다.

일본은 중국을 점령한 다음 반항하던 중국인에게 참수형을 시행했다.

아프리카에도 참수형이 있었다. 빌뇌브^{Villeneuve}는 19세기에 아프리카의 한 나라에 국왕의 곤님으로 초대되었던 사람에 대해 언급한 적이 있었다. 그 손님은 아프리카의 상황에 대해 매우 상세한 이야기를 남겼는데 그 내용은 다음과 같다. "그들은 나를 높은 평지로 올라가게 했는데 평지의 맞은편에는 사람의 머리가 정렬되어 있었다."

"모든 토양에는 피가 배어있었다. 이러한 전쟁 포로의 머리에는 극악무도하고 가혹한 형벌이 사용되었지만……그조차도 아직 다 끝난 것이 아니었다. 사람들은 80개의 버드나무 바구니를 가지고 왔는데 모든 바구니 안에는 살아 있는 사람이 들어 있었고 머리는 밖으로 나와 있었다."

"사람들은 그들을 국왕의 앞에 줄을 세웠고 이어서 한 사람씩 평지에서 광장으로 데려갔다. 광장에는 많은 사람들이 춤을 추고 노래를 부르면서 큰소리로 함성을 지르고 있었고 의외의 수확에 대해 이야기를 나누고 있었다. ……운이 좋은 미

십자군은 예루살렘을 점령한 후에 참수형으로 많은 무슬림을 처형했다.

인은 만약 죄인을 한 사람 잡으면 그의 목을 벤 즉시 그의 전리품을 가져가 상금으로 바꿀 수 있었다. ……마지막으로 사람들은 또 세 무리의 전쟁 포로를 데리고 와서 형 집행 시간을 연장하기 위해 일부러 결함이 있는 칼로 그들의 목을 조금씩 잘랐다."

연간 700회의 사형

칼이 단번에 깔끔하게 목을 자르는 것만은 아니었다. 중동과 아시아, 그 중에서도 특히 인도와 페르시아에서는 종종 죄인이 사망하기 전에 고통을 겪게 했는데 이러한 방법은 유럽에서도 통용되었다.

목을 단번에 베지 않고 갈기갈기 찢거나 조금씩 목을 베었고 이로 인해 크고 작은 상처가 생기게 만들었다. 다른 사형 방식 중 하나는 칼로 목을 켜는 것이었다. 이는 날카로운 칼을 앞뒤로 쉬지 않고 움직여서 칼 본체의 무게를 이용해 천천히 죄인의 목을 켜서 자르는 것이다.

각 나라의 특성에 따라 참수형에 사용하는 도구도 달랐다. 예를 들어 영국, 러시아, 독일에서는 도끼를 사용했고 프랑스, 이탈리아, 스페인에서는 검을 사용했다. 아랍의 왕국에서는 칼을 즐겨 사용했다. 비록 사용하는 도구는 달랐지만 일반적으로 북방 국가는 도끼를 좋아하는 경향이 있었고 라틴 국가에서는 검을 좋아하는 경향이 있었다.

메리는 1543년 9월 9일에 스털링Stirling 성의 왕가의 작은 예배당에서 스코틀랜드 여왕이 되었다. 어린 나이에 여왕의 자리에 오른 사실과 독특한 대면식으로 이는 유럽에서 항간에 유명한 초점이 되었다.

영국은 헨리 8세가 통치하던 시기에 매년 700여 차례의 사형을 시행했고 그 중 3분의 2는 도끼로 처형했다. 독재자 헨리 8세는 조금도 주저하지 않고 자신이 취한 6명의 아내 중 앤 불린과 캐서린 하워드 두 사람을 참수형에 처했다.

1554년에는 17세의 공주 제인 그레이Jane Gray와 그녀의 남편, 그리고 부친의 목이 도끼에 의해 잘려나갔다. 1587년에 엘리자베스 1세는 스코틀랜드의 여왕 메리 스튜어트Mary Stewart를 참수형에 처하라는 명령을 내렸고 도끼는 결국 그녀의 생명을

메리 스튜어트는 그의 고모 엘리자베스 1세 여왕에 의해 참수형을 당했다.

앗아갔다. 1649년에 영국의 찰스 1세는 화이트홀^{Whitehall}에서 도끼에 목이 잘려 죽었다.

18세기 초에 영국에서 참수형이 점점 사라지게 되면서 교수형이 이를 대체하게 되었다. 러시아에서는 카타리나^{Katarina}가 참수형을 철폐시켰다. 그러나 19세기 초에도 참수형은 여전히 독일의 라인^{Rhein} 강 연안 지역에서 시행되고 있었고 제3제국 시기에 다시 출현했다. 나치들은 참수형을 단두대 및 교수형과 함께 사용했다. 고소를 당한 제국 국회의 사람은 도끼에 목이 잘려나갔고 그 후로 1945년까지 몇백 명의 죄인이 오래된 극형을 당해 죽음을 맞이했다. 자료에 기재된 바에 따르면 마리니^{Marini}, 즉 오늘날의 벨기에에서는 1370년에서 1390년에 이르는 20년 동안 총 675명이 극형을 당했고 그중 277명이 도끼로 사형을 당했다고 한다.

프랑스와 이탈리아에서도 도끼를 사용했으나 얼마 지나지 않아 도끼와 검을 구별해서 사용하기 시작했다. 그들은 특정 계층의 죄인에게는 평민의 도구인 도끼를 사용하지 않고 귀족의 무기인 검을 사용했다. 이에 따라 원래는 사회의 각 계층을 대상으로 했던 참수형은 귀족의 특권이 되었고 평민은 주로 교수형이나 수레바퀴에 달리는 형벌을 받았다.

이때부터 참수형은 귀족의 전유물이 되었고 그러다 보니 실제로 집행이 되는 경우가 매우 드물었다. 통상적으로 망나니는 참수형을 당한 죄인의 시체를 4등분해 성문 앞에 걸고 머리 부위는 사형을 집행한 곳의 기둥 꼭대기에 걸었다. 이러한 무서운 관습은 14세기 초에 사라졌다.

사형을 집행하는 또 다른 방식은 검을 사용하는 방법이었는데 유럽에서는 이를 매우 치욕스럽게 여겼다. 브랑톰Brantome은 궁정의 어느 신사의 저속한 행위에 대해 투쟁을 할 때 프랑수아 1세가 조금도 용서하지 말고 부녀자를 범한 신사를 교수형에 처하도록 허락했다고 이야기했다. 앙리 백작의 사건도 그러한 예이다.

앙리Henri 백작은 왕자의 손자와 섭정왕의 사촌 형으로 그는 공모자의 도움을 받아 십만 에퀴(프랑스의 고대 화폐 단위-역주)의 교역에 대한 협상을 빌미로 투기상 한 사람을 함정에 빠뜨렸다. 두 사람은 이 투기상을 죽이고 그의 가죽을 벗겨냈다. 그러나 결국 두 사람은 체포되었고 입안이 된 후 법관은 매우 난처해서 섭정왕에게 가서 의견을 구했다. 섭정왕은 대답했다. "법원은 반드시 공평하게 일을 처리해야 하오."

앙리 백작에게 있어서 피해자가 유대인이라는 사실은 그를 죽일만한 좋은 핑계거리가 되었다. 법관들은 섭정왕이 그의 친척을 어차피 너그러이 용서할 것이라고 생각해서 두 살인범의 죄행이 수레바퀴형에 상응한다는 판결을 내렸다.

즉시 두 죄인의 가족은 그들이 용서를 받을 수 없다는 사실을 깨닫고 최소한

고대 로마 공화국 시기의 최고행정장관은 12명의 호위관이 뒤를 따랐다. 그들은 각각 손에 방망이 다발을 쥐고 있었고 그 가운데에는 도끼를 집어넣었는데 이는 로마 국가의 최고권위를 상징했다. 방망이는 태형을 집행하는데 사용되었고 도끼는 사형을 집행하는데 사용되었다.

참수형으로 해달라고 부탁했다.

그들은 수레바퀴형이 가장 치욕스러운 사형 방식이므로 친척인 섭정왕을 비롯한 모든 가족이 이로 인해 수치심을 느낄 것이라고 변론했다. 그러나 섭정왕은 코르네유Thomas Corneille의 시 한 구절로 이를 반박했다. "수치스러운 것은 범죄 자체이지, 교수형이 아니다."

참수형의 성공 여부는 완전히 집행자의 손에 달려 있었다. 집행자의 능력에 따라 머리는 때로 한 번에 나뒹굴었고 때로는 몇 번을 내리쳐야 했다. 집행에 사용되는 도구는 통상 칼날이 넓고 길며 끝이 날카롭고 뾰족한 무거운 기구였다.

망나니와 그들의 고용인. 참수형은 통상적으로 전문적인 망나니가 집행했다. 역사적으로 심지어 이를 전문으로 하는 가문이 형성되었다.

사형을 집행하는데 사용되는 검은 '면도
날'이라고 불렸는데 두 손으로 간신히 들
어 올릴 수 있었고 때문에 매우 건장한
사람이 이를 사용해 있는 힘껏 죄인의
목을 내리쳤다.

일본은 중국에 대한 침략 전쟁에서 참수형으로 중국인을 학살하면서
살인에 대한 담력을 키웠다.

집행자는 머리 위까지 칼을 3번 돌려
올려서 관성을 받아 이를 이용해 죄인의
후두부를 힘껏 내리쳤다. 그러나 목에는
척추가 있어서 보통 우리가 생각하는 것
이상으로 단단하기 때문에 일은 그렇게
쉽게 끝나지 않았다. 많은 사형 보고서에
는 참수형을 시행할 때 검에 문제가 발생
했다는 사실이 제시되어 있다. 예를 들
어 1476년에 파리의 망나니는 루이 11세가 참수형을 내린 루이 드 룩셈부르크Louis
de Luxembourg의 사형을 집행할 때 망가진 낡은 검을 수리하기 위해 많은 돈을 들였
다고 한다. 1792년에는 파리의 관방 망나니가 부장에게 간청한 적이 있었다. "검은
파손되기 쉬워서 매번 사형을 집행하고 나면 다시는 못쓰게 됩니다. 만약 동일한
검으로 동시에 몇 명의 죄인을 처형한다면 반드시 새로 날카롭게 갈아야 합니다.
게다가 사형을 집행할 때 검이 자주 부러져 버립니다."

도끼를 이용해 참수형을 실시하는 것은 죄인의 목을 도마 위에 놓고 무거운 도
끼로 힘을 주어 내리치는 한 가지 방법밖에 없었다. 검으로 참수형을 집행할 때와
마찬가지로 머리와 몸체를 분리하는 것이 목적이었지만 여러 가지 과정이 있었다.

이 중세 시대의 판화에는 차마 눈 뜨고 볼 수 없는 각종 가혹한 형벌이 나와 있다.

첫째는 죄인의 무릎을 꿇게 하고 머리를 도마 위에 기대게 한 후에 두 손을 등 뒤로 묶는 것이다. 물론 죄인의 손을 자유롭게 내버려두기도 했다. 실제로 참수형을 당할 때 손은 자유롭게 풀어둔 사형수들도 있었다.

둘째는 죄인이 무릎을 꿇거나 일어서서, 혹은 앉아 있는 상태에서 머리를 신체의 중심에 놓고 턱을 가슴 부분으로 잡아당기도록 하는 것이다. 이렇게 하면 집행자가 그의 목 부분을 볼 수 있다. 죄인은 두 손은 대부분 앞에서 묶여 있다.

셋째는 죄인이 일어서서 형벌을 받는 것이다. 이는 가장 드물고도 힘든 참수형 방법이다. 이러한 방식은 위험이 커서 망나니가 확실하게 목을 내리칠 수 있다는 보장이 없다. 죄인은 간혹 그의 머리나 어깨를 맞기도 했다.

일어서서 참수형을 하는 방법은 집행자에게 극도의 기교가 요구되는데 이러한 방식은 중국에서 상용되었고 주로 황제의 주요 인물을 처벌하는 데서 볼 수 있었다. 그러나 보통 죄인은 무릎을 꿇고 앉아서 처형되었다.

페르시아 만의 몇몇 국가와 예멘에서는 일어서서 참수형을 시행했다. 1962년에 이맘(Imâm. 일반적으로 이슬람교의 지도자를 지칭하는 말-역주)의 암살을 기도한 두 명의 죄인은 광장에서 공개적으로 일어선 채 참수형을 당했다.

프랑스의 사법 역사에서는 일어선 채로 참수형을 당하는 경우가 매우 드물었다. 아마도 가장 유명한 사람으로 슈발레Chevalet 기사를 들 수 있을 것이다. 누군가는 이 19세의 젊은 귀족이 의식 행렬에 경례하지 않았다고 했고 누군가는 그가 예수상의 십자가를 훼손했다고 이야기했다. 그는 대역무도하고 신성한 성물을 모독한 죄를 범했기 때문에 시체를 태우는 땔감 더미에 선 채로 참수를 당했다.

단두대

우리가 알다시피 단두대는 프랑스 고유의 기구로 전 세계에서 인정을 받고 있다. 하지만 단두대는 이미 몇 세기 전부터 유럽에 존재하고 있었고 심지어 여행가들이 18세기 인도네시아에서 단두대를 보았다고 증명하기도 했다.

조제프 기요탱^{Joseph Guillotin} 박사는 서투른 망나니보다 더 효율적인 단두 방법을 발명하기 위해 과거의 기록 문서들을 찾아보는데 정신을 집중했다. 그는 16세기 독일 조각가의 조소 작품을 연구하면서 단두대를 만들겠다는 결정을 내리게 되었다. 이 조소 작품은 로마의 독재자가 목을 자르는 기계로 친아들의 목을 치는 장면을 묘사하고 있었다.

단두대는 세 차례의 변화를 거쳤다. 독일, 영국, 이탈리아에서는 단두 장치를 사용할 때 죄인이 머리를 앞으로 하고 무릎을 꿇어야 했

단두대

지만 단두대에서는 죄인을 엎드리게 하고 전신을 똑바로 펴야 목을 잘 칠 수 있었다. 목을 집어넣는 동그란 구멍에 죄인을 잘 고정시키면 움직이는 것을 막고 칼날이 목 뒤로 제대로 떨어지게 할 수 있었다.

단두대에서 죽음을 기다리는 죄인

단두대에 사용되던 최초의 칼은 칼날이 수직이거나 움푹 들어가 있었기 때문에 죄인의 목을 베는 것이 아니라 죄인을 절단시키거나 압사시키는 경우가 많았다. 결국 경사면이 있는 칼날로 대체되고 나서 이러한 문제는 해결되었다.

4만 개가 넘게 잘린 머리는 이러한 '지혜의 결정체'의 무서운 성공률을 증명해준다.

단두대는 다양한 별명을 가지고 있었다. 이를테면 '유감스러운 높은 곳', '국민의 면도칼', '애국자의 생명을 단축시키는 장치', '환기창', '단두대', '카페Capetian 왕조의 올가미' 등으로 불렸으며 근대에 들어서는 '지붕창', '자전거', '종이 자르는 기계' 등으로 불렸다. 이러한 별명이 생겨난 이유는 단두대의 훌륭한 명성 때문이기도 했고 동시에 그것이 주는 두려움 때문이기도 했다.

프랑스의 단두대는 기요탱 박사와 루이Anton Louis 박사 두 사람의 인도주의적이고 과학적인 지혜에 기원한다. 기요탱 박사는 완벽한 초석을 요구함으로써 사망을 앞

에 둔 사람에게 평등의 원칙을 보장했고 루이 박사는 이를 행동에 부칠 것을 요구했다.

사형이 기술화 된 첫 번째 변혁인 단두대에 있어서 두 사람의 이름은 결코 지워버릴 수 없는 이름이다.

단두대는 초기에 다양한 이름으로 불렸다. 루이 박사의 이름을 따서 '루이제트Louisette', '쁘띠 루이종Petite Louison'이라고 불리기도 했고 미라보Mirabeau가 단두대를 제작하는 기획을 지지한 이유로 '미라벨Mirabell'이라고 불린 적도 있었다. 기

중세 시대 영국 향촌의 단두대

요탱 박사는 자신의 이름을 남용하는 것에 반대했지만 단두대의 명칭은 최종적으로 그의 이름을 따서 '기요틴guillotine'이 되었다. 기요탱 박사가 이 일로 매우 화를 냈다는 사실은 많은 증언에 의해 증명된 바 있다. 그러나 단두대의 발명은 그에게 불운을 가져다주

대혁명 기간에 많은 사람이 단두대 아래서 자신의 목숨을 잃었다.

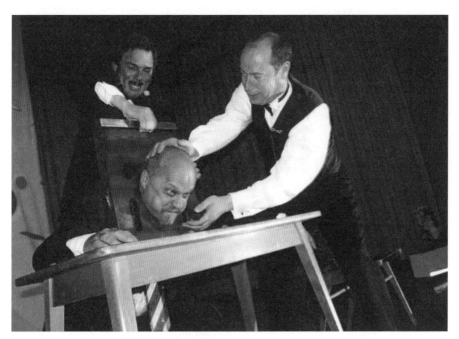

현대인이 단두대의 조작 원리에 대해 시연하는 모습

었으며 그의 정치 생명마저도 끝내버렸다. 결국 기요탱 박사는 의학원의 새로운
건설 작업에 종사하다가 진료소를 열었다. 심지어 그는 자신이 만든 단두대에 머
리를 잘릴 뻔한 적도 있었다.

고문, 교수형, 수레바퀴형, 사지를 찢는 형벌 및 검으로 참수형을 행하는 형벌은
모두 독단적이고 우매한 시대의 산물이다. 그러나 단두대는 많은 사람들에게 있
어서 사법 영역의 인도주의 원칙과 새로운 사상을 실현한 것이었다. 이 지혜로운
결정체는 사람과 사람 사이의 권리에 있어 새로운 질서를 만들어냈다.

또한 이 무서운 장치는 고대의 수공예 제작에서 기계화로 넘어가는 과도기를
상징하고 있다. 공업화의 멸망과 새로운 시대를 맞이한 사법의 새로운 발명인 것

이다. 머지않아 가스실과 전기의자가 출현했고 이것 또한 사회과학과 기술, 의학 발전의 산물이었다.

랑 미카엘 바셋Lang Michel Bassett은 그가 저술한 단두대와 관련된 책에서 다음과 같이 설명했다. "직접 손으로 형을 집행하는 망나니의 생각을 지배했던 육감적이고 영감에 의지한 특징이 소실되었다. ······단두대가 나타남으로써 다시는 사람이 형을 집행하지 않게 되었고 기계가 이를 대신하게 되었다. 망나니는 사법 기계를 부리는 사람이 되었다."

단두대의 출현으로 사형은 간결하고 신속하게 변화했고 예전부터 내려오던 사형 방식과 결별하게 되었다. 예전의 사형은 집행자에게 상대적으로 복잡한 능력을 요구했으며 집행자의 도덕, 신체 등이 야기하는 실수를 피할 방법이 없었다.

현대의 사형

총살

총은 15세기에 최초로 출현했으나 초기의 총은 정확성이 비교적 떨어져 확실하게 죄인을 명중시키지 못했다. 그래서 당시에는 사형을 집행하는 도구로 사용되지 못했지만 점차 개선됨에 따라 총살은 점점 가장 보편적인 사형 집행 방식이 되었다.

최초에는 군대의 반역자와 기타 명령을 거역한 사람에게 총살을 시행했다가 후에 각종 사형수에게로 그 범위가 확대되었다. 어떤 나라에서는 전문적으로 총살을 시행하는 부대가 결성되었다. 사형을 집행할 때는 통상 약간 명의 사수가 동시에 사형수에게 총을 발포했다. 예를 들어 2차 세계대전 기간에 영국은 스파이 활동에 종사한 모든 사람에게 사형을 선고했고 그들은 모두 런던 타워의 주변에서 총살당했다. 죄수들은 의자에 묶이고 눈이 가려져 있었고, 8명으로 구성된 총살 부대가 총살을 집행했다. 머리보다는 몸통 부위가 더 명중시키기 쉽기 때문에 죄인들은 몸에 많은 총알을 맞았다. 집행자의 죄책감을 줄여주기 위해 때로는 집행

근대 이래로 총은 이미 사형을 집행하고 학살하는 데에 상징적인 도구가 되었다.

부대에게 공포탄을 나누어 주었다. 이렇게 하면 누가 죄인에게 치명적인 한 발을 맞추었는지 알 수 없었다.

1953년에 영국 황실 위원회의 사형에 관련된 보고에는 '총살은 고효율적인 방법으로써 선결 조건이 갖추어져 있지 않으며 형 집행 후 죄인이 즉시 사망할 것이라고 확실하게 보장할 수 없다.'고 생각해서 총살을 사용하는 것을 거절했다고 나와 있다. 그러나 총살은 다른 여러 나라에서 여전히 보편적으로 사용되었다.

위에서 언급한 전통적인 총살형 외에도 만약 우리가 이를 받아들이기만 한다

히틀러는 무장 친위대의 형벌집행 부대의 위호를 받으며 연설했다.

면 구식 총은 형의 집행 방면에 많은 개혁을 진행했다고 볼 수 있다. 2차 세계대전 기간에 에티오피아Ethiopia에서는 지지대가 있는 총으로 구성된 기계가 있었는데 방아쇠를 조절해 사격하면 기계는 정확하게 죄인의 흉부를 조준했다. 부락의 습관에 따라 통상 죄인의 가족이 형의 집행을 책임졌다.

가스실

전기의자와 마찬가지로 가스실은 꽤 환영을 받는 발명이었다. 어떤 사람은 이를 인도주의적인 형벌이라고 했다. 가스실은 밀폐된 방으로 방안에는 바닥에 고정

나치의 가스실에서 발버둥치는 유대인

된 의자가 있고 죄인은 이 의자에 묶였다. 치명적인 독가스가 가스실로 주입되고 죄인이 일단 가스를 흡입해서 체내에 들어가면 바로 중독되어 사망하게 된다. 일단 죄인이 숨을 거두면 환풍기가 실내의 독가스를 높은 굴뚝으로 배출했다.

가스실은 1924년에 처음으로 네바다에서 출현했고 1930년대 초기에 이르러 성 퀸틴St. Quintin 감옥에 가스실을 건설하고 나서야 현지 신문의 관심을 불

나치의 가스실

에디슨이 전기의자를 발명하는 데 참여한 이유는 원래 교류 전류의 위해성을 증명해 상대의 교류 전류 회사에 타격을 주기 위해서였다. 그러나 결국 그의 직류 전류 회사는 문을 닫게 되었다. 미국 뉴욕 주정부는 1889년에 전기의자를 사형 집행 도구로 정식으로 채용했다.

러일으켰다. 기자들은 돼지가 독가스로 죽는 실험을 보고난 후 이러한 형벌은 사람에게 할 짓이 못된다고 생각했다. 기자 중 한 사람은 이러한 형벌은 교수형이나 능지처참보다도 더욱 잔인하다고 말했다.

1938년에 두 명의 죄인이 15분간 독가스를 맡고 처형당한 후 이러한 사형 집행 방법은 신문매체의 강렬한 비난을 받게 되었다.

전기의자

　전기가 발명되자 누군가는 전기의 충격을 이용해 사람을 사망에 이르게 하는 민첩하고도 자애로운 처형 방식을 생각해냈다. 1890년 8월 6일에 전기의자는 뉴욕의 오번 감옥에서 최초로 사용되었다. 아내를 살해한 윌리엄이라는 뉴욕 사람은 전기의자에 묶여 머리에 두 개의 전극을 장치한 금속 모자를 썼다. 전극의 한쪽은 그의 머리로 통하는 것이었고 다른 한쪽은 등과 연결된 것이었다. 처음에는 2,000볼트에 달하는 전기 충격을 주었고 이어서 조금 약하게 두 차례, 그 다음에 한 차례 강한 전기 충격을 주었다. 원래대로라면 최초의 강력한 전기 충격에 의해 신체가 마비되고 피부에 심한 화상을 입으며 대뇌가 심각한 손상을 받기 때문에 순식간에 사망하게 된다. 그러나 믿기 어려운 사실이지만 네 번째의 1,300볼트 전압의 전기 충격을 17초간 받은 후에도 윌리엄은 여전히 호흡을 하고 있었다고 한다. 마지막으로 70초 동안의 전기 충격을 가하자 그의 생명은 끊어졌다.

　참혹해서 차마 눈 뜨고 볼 수 없는 장면과 역겨운 광경은 죄인을 빨리 처형할 수 있을 거라 기대한 집행자들에게 혐오감을 일으켰다. 그래서 어떤 사람은 '사망이 결코 순간적으로 일어나지 않는다.'는 이유로 전기의자에 반대했다. 다섯 차례의 전기 충격이 주어지자 사형수가 간신히 사망했고 총 17분이라는 시간이 소요되었다.

　기자 마이클 제임스Michael James는 1939년 7월 9일에 강간범의 사형 집행 장면에 대해 다음과 같이 묘사했다. "간수장이 손을 들면 다른 방의 집행자가 바로 전기 스위치의 전원을 넣었다. 이때 방 안에서는 마치 디젤 기관차가 지하에서 달리는 것 같은 웅웅거리는 소리가 난다. 그러자 비현실적인 하늘색의 섬광이 방안 전체를 뒤덮었다. 사형수는 돌연 의자에서 튀어 올랐고 마치 맹렬한 기세로 방을 뚫고 나갈 것 같았다. 그러나 그는 갑자기 멈췄고 그의 신체는 의자의 가죽끈 때문에

떨고 있었다. 마치 몸이 가죽끈을 끊어
버리고 날아오를 것만 같았다. 순간 머
리끝에서 지지직 소리가 났고 머리카락
에도 스파크가 사방으로 튀었다. 소리
가 사라지고 2200볼트의 전기가 순식
간에 온 몸을 통과하자 사형수는 갑자
기 전기의자로 떨어졌다. 이때 전기의자
앉아있는 것은 생명체가 아니라 단지
참혹해서 눈 뜨고 볼 수 없는 시체에 불
과했다."

그나마 다행인 것은 과학과 기술의 발
전에 따라 전기의자는 허다한 사고로
부터 벗어날 수 있게 되었다는 점이다.
1906년에 이르기까지 미국의 오번 감옥
등에서는 100명이 넘는 사람이 전기의

세계 최초의 전기의자는 미국인에 의해 발명되었다.

자로 처형되었다. 전기의자는 이미 100여 년의 역사를 가지고 있는 형벌이며 현재
도 사용되고 있다.

주사 처형

독약이 든 주사로 사형을 집행하는 것은 독특한 형 집행 방법이다.
이는 화학 약물을 정맥에 주사해 사형수의 의식을 즉시 잃게 하고 근육을 마비시

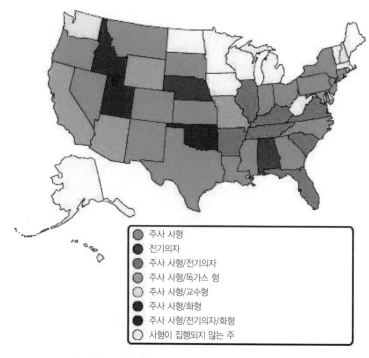

주사 사형
전기의자
주사 사형/전기의자
주사 사형/독가스 형
주사 사형/교수형
주사 사형/화형
주사 사형/전기의자/화형
사형이 집행되지 않는 주

미국 각 주의 사형 집행 방법

키며 결국에는 심장을 정지시키는 방법이다. 1977년에 미국 오클라호마Oklahoma 주와 텍사스Texas 주에서는 최초로 이러한 방법을 채용했다.

최초에 주사 처형을 당한 죄수는 텍사스 주의 사람이었는데 그는 1982년 12월에 사형에 처해졌다. 주사를 사용한 사형 방법을 시행할 때 만약 죄인이 발버둥을 치면 화학 약물은 그 기회를 틈타 근육이나 기타 신체 조직에 침투하게 되고 이에 격렬한 통증을 일으킨다. 그러나 한 가지 위험한 사실은 이러한 치명적인 약물이 신체 안에서 응결해 정맥을 가로막게 되면 약물의 효과가 나타나는 데에 영향을 주어 사망에 이르는 시간이 연장된다는 것이다. 목격자의 증언에 따르면 사형수는 약물을 주사한 후 최소한 10분 정도는 지나야 호흡이 정지된다고 한다. 어쨌건 이러한 방식은 적어도 사형수를 완전한 형태의 시체로 남을 수 있게 했으므로 총살처럼 죽은 사람의 머리 부분이 터지거나 하지는 않았다.

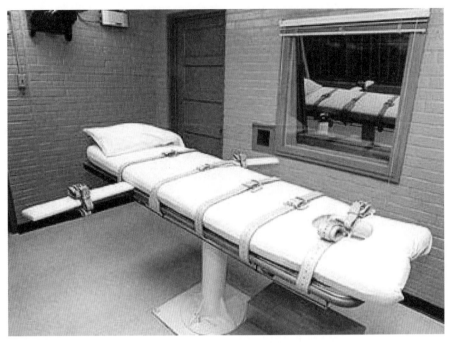

주사 사형 방식을 사용할 때는 우선 사형수를 이러한 주사대 위에 묶어서 예상치 못한 일이 발생하는 것을 방지했다.

현재, 주사로 처형하는 방법은 미국의 19개 주에서 사용되고 있다. 1999년에 집행된 98건의 사형 중에 94건이 주사로 처형하는 방법을 사용해 집행되었다.

형벌의 역사

초판1판1쇄 인쇄 2016년 1월 15일
초판1판1쇄 발행 2016년 1월 20일

지은이   장 신 광
펴낸이   임 순 재

펴낸곳   한올출판사
등 록   제11-403호
주 소   서울특별시 마포구 모래내로 83(성산동, 한올빌딩 3층)
전 화   (02)376-4298(대표)
팩 스   (02)302-8073
홈페이지   www.hanol.co.kr
e-메일   hanol@hanol.co.kr

값 17,800원 ISBN 979-11-5685-364-0